Ursula Friedrich

Mein Garten Eden

Pflanzenkunde

Umschlagfoto: Enno Kapitza

Die Deutsche Bibliothek – CIP-Einheitsaufnahme
Ein Titeldatensatz für diese Publikation ist bei
Der Deutschen Bibliothek erhältlich.

MY FAVOURITE BOOK
Düsseldorf
ISBN 3-936143-08-0
www.my-favourite-book.com

Inhaltsverzeichnis

Vorwort

Mit einem kleinen Primeltöpfchen fing es an. Es stand auf der Theke einer Eisdiele, halb vertrocknet und am Eingehen. Zwei Kugeln Vanilleeis bitte, und das Primeltöpfchen nahm ich einfach mit. Meine Mutter nannte es einen Diebstahl, und außerdem sagte sie, dass man von Primeln Pickel bekommt. Für mich war das Primelchen nicht gestohlen, sondern gerettet. Und ich war ganz sicher, dass es mir keine Pickel machen würde – mir doch nicht, die ich es mit Wasser versorgte und an die Sonne stellte.

Ich bekam auch keinen einzigen Pickel. Meine rosarote Primel straffte ihre Blätter und ließ sich einen Kranz von Knospen wachsen. Damals war ich neun, und von da an entwickelte ich mich zu einer Art Mutter Teresa für arme, vergessene, misshandelte Blumen. Bei allen Gelegenheiten sammle ich sie ein, aus den Abfallcontainern von Friedhöfen, in Krankenhausgängen und vor allem von den Blumenständen im Supermarkt am Samstag, wo man sie das Wochenende über verdursten lassen würde.

Zugegeben, was ich da so heimtrage, sieht nicht gerade schön aus. Aber man darf mir glauben: Sie entwickeln sich alle zu ansehnlichen Pflanzen. Ich halte das für Dankbarkeit. So, wie ich Blumen für fühlende Lebewesen halte, die es nicht verdienen, achtlos behandelt zu werden. Inzwischen habe ich einen kleinen Garten, in dem vieles durcheinander wachsen darf, auch manches Unkraut. Damit kriege ich keinen Preis beim Blumenschmuckwettbewerb der Gemeinde, in der ich wohne. Aber ich und mein Garten, wir sind miteinander sehr glücklich. Davon handeln die folgenden kleinen Betrachtungen. Vom Leben mit Pflanzen.

Frühling

Gärten meines Lebens

Meine erste Gartenerinnerung ist mit zwölf Maiskörnern verknüpft. Es war im Krieg und die Maiskörner bekamen ich und alle Kinder, die daheim einen Garten hatten, von der Lehrerin in einem kleinen Tütchen ausgehändigt. Wir sollten sie in die Erde stecken und im Herbst dann die geernteten Maiskolben mit in die Schule bringen. Das war unser Beitrag zur Volksernährung.

Ich ging sehr gewissenhaft vor, goss, düngte und wurde tatsächlich durch zwölf stramme Maispflanzen belohnt. Unter langhaarigen Blütenbüscheln und dichten Deckblättern entwickelten sich Kolben, gelb und glänzend. Stolz lieferte ich sie in der Turnhalle ab. Gärtnerstolz – das war es, was ich zum ersten Mal empfand. Und das Gefühl, etwas äußerst Nützliches vollbracht zu haben. Ich hatte etwas wachsen lassen.

Sehr viel später gab es dann den ersten eigenen Garten. Braunes Brachland rings um ein Reihenhaus. Wir pflanzten Blumen, Sträucher und natürlich Bäume. Viel zu viele Bäume, weil wir uns nicht vorstellen konnten, dass die kleinen schmächtigen Kinder aus der Baumschule groß und erwachsen werden würden. Nicht eine Birke, nein, gleich drei setzten wir vors Haus, zwei Tännlein vor den Nachbarzaun, drei Dutzend Salatpflänzchen ins Beet. Tomaten und Bohnen, Zwiebeln und Mais. Denn ein Garten musste auch etwas zur wenn nicht Volks- so doch Familienernährung beitragen.

Na ja, das mit der Ernährung habe ich dann wieder gelassen. Ich will hier nicht auf Schnecken zurückkommen, die sich über Nacht toll und voll futterten, und auch nicht über die leidige Braunfäule der Tomaten reden. Stauden erwiesen sich als nicht nützlich, aber robust. Und zwei der drei Birken sägten wir nach ein paar Jahren um.

In meiner Biophase ergriff mich im nächsten, größeren Garten erneut der Drang nach sinnvoller Bewirtschaftung. Gemüse, Kräuter ohne Düngung, Rettiche ohne Nitrate! Irgendwie blieb der Erfolg spärlich. Die Rettiche erreichten die Größe von Pflaumen, waren hart und wurmig. Einzig Zucchini gediehen. Es folgten etliche Zucchini-Sommer, bis Mann und Kinder erklärten, dass ihnen gedünstete, gefüllte, gebackene Zucchini zum Hals heraushingen.

Rückkehr zum Schmuck. Diesmal galt mein Ehrgeiz den Rosen. Ein Rosenbogen wurde gekauft, verträumt betrachtete ich in der Gartenzeitschrift die Blütenkaskaden von »Weißes Schneewittchen«. Es dauerte ein bisschen lang, bis ich wirklich in Duft und Blüten schwelgen konnte und in der Bewunderung meiner Besucher. Dann jedoch kam ein harter Winter, und das Warten auf die Herrlichkeit musste wieder ganz klein von vorn anfangen.

Das Jahr meiner Krankheit, in dem sich 600 qm Garten unversehens zu einem Riesenterrain auswuchsen. Brennnessel schossen ins Kaut, der Phlox wurde nicht zurückgeschnitten und blühte deshalb nur einmal, die Dahlien verkümmerten. Was ist ein Garten ohne Zuwendung und Pflege? Ganz schnell eine schlampige Wildnis.

Nach der Genesung Besinnung auf die Anfänge. Ich pflanzte neue Sträucher, diesmal allerdings suchte ich langsam wachsende aus, blühend im Frühjahr, leuchtend im Herbstlaub, unverwüstlich im Regen, ungenießbar für Schnecken und Dickmaulrüßler. Und ich steckte Maiskörner in die Erde. Einfach so, der Erinnerung wegen. Und als Beitrag zur Vogelernährung im Winter. Und weil es Freude macht, Mais wachsen zu sehen, anderthalb Meter hoch.

Saatzeit

Im Supermarkt haben sie in Kassennähe Süßwarenständer aufgebaut mit Leckereien für quengelige Kleinkinder. Gummibärchen und Gelee-Rattenschwänze, Lutscher und Lakritzen – Mami! Darf ich !! – eignen sich großartig zum Ruhigstellen der jungen Generation. Für die ältere Generation – mich zum Beispiel – sind ähnliche Ständer in der Obst- und Blumenabteilung errichtet. Dort hängen Samentütchen, hübsch farbig, von Kapuzinerkresse bis zu Saubohnen und Mairübchen. Mami, darf ich? Ja, du darfst, sage ich zu mir und greife zu, jedes Mal, und noch eins, und noch eins.

Mairübchen, keine Ahnung, was das überhaupt ist. Wird schon hinten drauf stehen. Borretsch blüht so schön blau, und die Über-Riesen-Edelwicke, die muss man doch auch haben. Obwohl eigentlich überhaut kein Platz ist im Garten. Riesenkürbis »Gelber Zentner«, Sonnenblume »Big Smile« … Die Tütchen jedenfalls nehmen keinen Platz weg im Einkaufswagen.

Zu Hause betrachte ich dann meine Scholle. Vermisse den Anblick, den mir der Garten meiner Nachbarin bietet: ebenmäßige Rechtecke, umgegraben, fein geharkt, mit Holzstöckchen an den Schmalseiten, zwischen denen exakte Schnüre gespannt sind, um kerzengerade Saatrillen zu garantieren. Saatrillen müssen sein, das steht auch in meinen Gartenbüchern. Die Samenkörnchen müssen ebenmäßig da hineingestreut und mit Erde abgedeckt werden. Sonst fressen ja alles die Vögel. Ans Ende jeder Rille gehört das leere Tütchen über das Stückchen gestülpt, damit man weiß, um was es sich bei den winzigen, frisch geschlüpften Sämlingen handelt. Der Riesenkürbis fängt nämlich auch klein an.

Wo ich meine Petersilienkultur anlegen will, wächst der Giersch. Ich steche um, entferne alle Würzelchen, zerkrümele die Erde, versenke die schwarzen Kügelchen voll Gottvertrauen, aber ohne den rechten Glauben, dass es was wird. Letztes Jahr ist es auch nichts geworden. Schütteres Grün hat sich gezeigt und ist schnell wieder verschwunden. Petersilie keimt zögerlich, hat man mir gesagt. Dill auch, jedenfalls bei mir. Vielleicht habe ich bei Vollmond gesät? Das ist nicht ratsam. Aber woher soll ich am Tag wissen, ob wir Vollmond haben?

Der Borretsch wird kommen. Borretsch ist unkompliziert, ich säe ihn einfach ins Staudenbeet zwischen die Blumen. Er gilt mir als Schmuck, denn als Gewürz brauche ich ihn selten. Salat zu säen habe ich aufgegeben, den fressen bereits unterirdisch die Schnecken. Es gibt ja ganz stramme Pflänzchen zu kaufen, die man nur mit einem Wall aus Schneckenkorn umgeben muss. Tomatensamen habe ich mir mal aus einer Züchterei, die einem norddeutschen Grafen gehört, schicken lassen: eine Sorte, die »Hoffmanns Rentita« hieß. Ach, meine Zöglinge fingen gerade erst zu blühen an, als der erste Frost kam. Vom Samenkörnchen bis zum Tomatensalat, lernte ich, ist ein weiter Weg.

Kapuzinerkresse bereitet keine Probleme. Blüht und gedeiht. Überhaupt Kresse: Kresse säe ich am liebsten aus. Nach fünf Tagen spitzt sie schon heraus, nach zehn Tagen kann man sie bereits schneiden. Kresse aufs Brot, Kresse als Salat, als Süppchen, Soße. Und wenn ich mal keine Lust auf dergleichen habe, lasse ich sie einfach wachsen, 20 Zentimeter hoch, mit anmutigen weißen Blütenkrönchen. Man muss ja nicht immer nur ans Essen denken.

Flieder »Empfindliche Edith«

Auf lateinisch heißt Flieder »Syringa«. Es gibt sehr viele Sorten von weiß bis violett, und sie sind alle viel schöner als die Namen, die sie tragen- Menschennamen meistens. »Eilers« zum Beispiel, »Mrs. Edward Harding« oder »Katharina Havemeyer«. Als ich meinen Fliederbusch in der Baumschule aussuchte, fand ich einen mit großen rotvioletten Rispen auf dem zugehörigen Erkennungsfoto am schönsten. Aber der Bursche hieß »Andenken an Ludwig Späth«. Da nahm ich dann doch lieber »Edith Cavell«, weiß blühend. Edith also. Flieder duftet. Nichts auf der Welt ist so berauschend wie der Duft von Flieder an einem warmen Frühlingsabend, wenn man gerade frisch verliebt ist. Und nichts auf der Welt mach einen so fertig wie der Duft von Flieder an einem Regensonntag, wenn man Liebeskummer hat. Herzbrechend. Verführerisch. Sehnsuchtsvoll. Man muss mal in Wien gewesen sein, wenn dort der Flieder blüht, in allen Parks und Gärten, hinter jeder Mauer. Nicht nur drunten in Sievering ...

Nach Wien brachte übrigens ein österreichischer Gesandter Ende des 17. Jahrhunderts den ersten Flieder aus der Türkei mit. Die Wiener nennen ihn noch heute »den türkischen Holler«.

Frühling und Flieder gehören zusammen. Meine Edith steht neben der Terrasse. Im Grunde ist es ihr gleich, wo sie steht. Sie will die Sonne sehen, das ist das Wichtigste. Ob der Boden mehr sauer oder mehr kalkig ist, kümmert sie weniger. Natürlich möchte sie gut ernährt werden. Ein bisschen Stallmist schätzt sie, aber es darf auch Tütendünger sein. Früher hieß es, man müsse die verwelkten Blüten abschneiden. Das, las ich unlängst in einem Gartenmagazin, darf man getrost vergessen. Eine böse Krankheit gibt es: die Fliederwelke, bei der die jungen Triebe schwarz werden und absterben. Unbedingt sofort ins gesunde Holz zurückschneiden und ein Spezialmittel spritzen! Mein Flieder ist davon noch nicht heimgesucht worden.

Wohl aber von der kalten Sophie. Die kalte Sophie kennt man nur in Süddeutschland. Sie folgt auf die auch im Norden bekannten Eismänner im Mai: Kälterückfall mit Nachtfrost und eisigen Winden. Die Sophie droht am 15. Mai – eine Heilige, die unter Kaiser Diokletian den Märtyrertod starb und dafür alljährlich an der Baumblüte Rache nimmt.

Dieses Jahr hat sie meine Edith schwer beeinträchtigt. Die hatte gerade ihre weißen Rispen ein bisschen geöffnet. Nein, total erfroren sind sie nicht, aber sie sahen danach braun gesprenkelt aus. Weißer Flieder verwelkt auch nicht besonders hübsch, er »geht schnell hinüber«, wie der Gärtner sagt.

Vielleicht hätte ich doch den Ludwig Späth nehmen sollen. Oder Präsident Abraham Lincoln, hellblau. Kann man ja nachholen. Irgendwohin passt so ein Flieder immer. Aber dann ist die schöne Blütezeit vorbei und vergessen. Im Sommer und Herbst ist der Flieder so unscheinbar, dass man weder an Ludwig noch an Frau Havemeyer noch den alten Lincoln denkt. Erst wieder im nächsten Mai.

Hortensie »Die Wasserschlürferin«

Sie ist die Blume, die nicht verwelkt. Nur ihre Farbe verändert sie – von Rosa zu einem fahlen Lila, von Blau zu Nebelgrau, von Weiß ins Blassgrünliche. Sie beeindruckt durch eine geheimnisvolle Standhaftigkeit ihrer Blütenbüschel, die im Alter papierdünn und trocken werden, wie die Haut alter Frauen. Vielleicht ist die Hortensie deshalb sozusagen zum Sinnbild der Mutterliebe geworden, zur klassischen Lieblingsblume in den Floristikläden vor dem Muttertagssonntag.

Ich mochte sie früher nicht so besonders. Ihre Pracht hatte so was Herausgeputztes, Übertriebenes im frisch gekauften Zustand. Eigentlich passte sie im Wohnzimmer nirgendwohin, sprengte den Rahmen des Blumenfensters, ließ sich auch schlecht mit anderen Blumentöpfen arrangieren. Zu auffallend, fand ich. Vielleicht pflegte ich sie deshalb nicht einfühlsam genug. Madame Hortensie ist nämlich empfindlich. Sie darf nicht mit kalkhaltigem Wasser gegossen werden, hasst Zugluft und volle Sonne, besonders hinter einer Fensterscheibe. Ihre Blätter bekommen dunkelbraune Ränder und fallen ab. Wenn die Söhne, von denen ich sie geschenkt bekommen hatte, in der Schule waren, stopfte ich meine Muttertagshortensie alljährlich in die Mülltonne.

Dass sie ein zweites Leben erst im Freien genießt, wusste ich nicht. Eine Nachbarin machte mich darauf aufmerksam, in deren Garten ein grandioser Hortensienhort blüht. Mit Dolden, die nicht so rund und üppig sind wie beim neuen Exemplar, dafür aber in den verschiedensten Farben changierend. Man nimmt sie aus dem Topf und setzt sie in einen größeren Kübel oder einfach ins Beet, erklärte sie mir.

Damit begann für mich eine schwierige Zeit. Mein Kampf mit der Hortensie. Ich muss sagen, sie führt sich wahrscheinlich an der frischen Luft wohler, aber sie ist genauso dominierend, wie halt manchmal Mutterliebe ist. Anspruchsvoll. Man muss es ihr schon recht machen, damit man von ihr anerkannt und wiedergeliebt wird.

Ich pflanzte meine Hydrangea macrophylla, zu deutsch »großblütige Wasserschlürferin«, in den Garten. Goss sie häufig und kalkarm. Im November schnitt ich die farblos gewordenen Blüten und die blattlosen holzigen Stängel schön ordentlich ab. Das hätte ich auf keinen Fall tun dürfen. Im Frühjahr trieb sie neu. Aber nichts blühte. Hortensien, hatte die Nachbarin vergessen zu sagen, blühen nur am vorjährigen Trieb. Im nächsten Winter brachen die stehen gelassenen Stängel unter der Schneelast ab. Wieder keine Blüten. Daraufhin baute ich im Herbst aus Tannenästen ein schützendes Haus. Im März baute ich es wieder ab. Weil sie die kahlen, erfroren wirkenden Stecken nicht hübsch fand, zwickte meine Zugehfrau sie ratzeputz weg. Keine Blüte.

Das war im vergangenen Jahr. Inzwischen habe ich ein Eisendrahtgestell, das ich über meine Wasserschlürferin stülpe, bevor es schneit. So. Und wenn sie dieses Jahr nicht wieder zur Blüte kommt, dann ... Dann geht der Kampf halt weiter. Du musst blühen, sage ich ihr täglich im Vorbeigehen, du musst, musst, musst. Gärtner geben die Hoffnung nicht auf, und ich bin so neugierig, ob sie schließlich so blau blühen wird wie damals, als ich sie geschenkt bekam. Übrigens haben sich mittlerweile drei weitere Hortensien zu ihr gesellt, von den letzten drei Muttertagen. Ach, es wird einmal ein großer leuchtender Busch werden.

Maiglöckchen »Gefährliche Schöne«

Wir haben in der Familie einen Maiglöckchen-Toten. So jedenfalls geht die Saga: Urgroßonkel Otto wurde am Blinddarm operiert, hatte nach dem Eingriff großen Durst, durfte aber nichts trinken. Da hat er heimlich das Wasser aus der Vase getrunken, in der ein Maiglöckchenstrauß neben seinem Bett stand. Und daran ist er gestorben. Maiglöckchen sind giftig, das Blumenwasser infolgedessen auch. Der arme Onkel ist schuld, dass ich in meinem Garten keine Maiglöckchen habe. Ich fürchte mich vor ihnen, den Boten der Liebe und des giftigen Todes.

Trügerisch ist das Maiglöckchen, heißt es ihn einem alten Blumenbuch, schön und böse. Die gebogenen Blütenrispen mit den weißen Glöckchen sind im Volksglauben sowohl Symbol für Liebesglück als auch Symbole für tödliches Schicksal. Auf vielen mittelalterlichen Tafelbildern sind sie in ihrer geheimnisvollen Zwiespältigkeit abgebildet, in den Händen von Bräuten und Madonnen, in den Händen von sterbenden Märtyrern.

Ich weiß im Wald ein paar Flecken, wo sie um diese Zeit schon anfangen, zu blühen und ihren süßen Duft zu verströmen. Geheimnisvoll, magisch in ihrem reinen Weiß, das aus dunkelgrünen Blättern wächst, stehen sie im Halbschatten zwischen feuchtem Laub. Kleine nordische Liliengewächse, einst der Frühlingsgöttin Ostara geweiht. Sie hatten keinen lateinischen oder griechischen Namen, weil man sie in diesen Ländern nicht kannte. Mönche nannten sie »Lilie des Tales«, Lilium convallium. Lily of the valley nennt man sie noch heute in England.

»Die Botschaft der Blume ist das Leben, die Botschaft der Blume ist der Tod«, schrieb ein Dichter. Von vielen ist die zarte Pflanze als bescheiden, genügsam, schüchtern beschrieben worden. So sieht sie ja auch aus – lieblich, fast hilfsbedürftig. Aber wer keinen Onkel Otto in seiner Ahnenreihe hat und infolgedessen einen stillen Platz in einer Gartenecke für Maiglöckchen reserviert, der macht andere Erfahrungen. Innerhalb kurzer Zeit vermehren sich die Pflanzen geradezu rücksichtslos. Sie haben unterirdische Wurzelrhizome, die sie durchs Erdreich schieben, um schließlich eine ganze Armee von zugespitzten 10 bis 20 cm hohen Blättern zu treiben. Enge Nachbarschaft mit anderen Gewächsen mögen sie nicht. Botaniker haben herausgefunden, dass sie zum Beispiel Veilchen geradezu hassen. Das hat Albrecht Dürer noch nicht gewusst, als er auf seinem berühmten Gemälde dem Erasmus von Rotterdam einen Strauß aus Veilchen und Maiglöckchen auf den Schreibtisch stellte. Gewiss als eine Würdigung der Bescheidenheit des großen Gelehrten.

Diese merkwürdige Blume mit den zwei Gesichtern: schön und gefährlich, zart und zäh, unschuldig und tödlich. Von Kopf bis Fuß ist das Maiglöckchen giftig, von den schwachen Stängeln bis zu den roten Beeren, die sich nach der Blüte entwickeln. Weil diese Beeren sehr gut schmecken, müssen Kinder vor ihnen gewarnt werden. (Ich möchte jetzt nicht noch einmal Onkel Otto erwähnen.) Die Giftstoffe haben auch ihre guten Seiten, sie können kranke Herzen heilen. In vielen Herzmitteln sind sie enthalten. Ist ja gut, ist ja gut. Ich betrachte die kleinen Lilien mit großem Respekt und lasse sie dort stehen, wo sie hingehören: im Wald.

Amsel – »Heiße Vögel«

Eigentlich müsste ich diesen Vogel hassen. Denn er frisst meine Krokusse, kaum dass sie der winterlichen Erde entschlüpft sind. Am liebsten frisst er sie, wenn sie gelb sind. Er frisst auch die kleinen Primeln. Und er frisst später meine Kirschen frisch vom Baum. Er kommt mit seiner ganzen Familie, auch mit entfernten Verwandten, und frisst sie alle. Schon Wochen, bevor sie reif sind, erscheint er zur Inspektion. Ich müsste ein Netz über den ganzen Baum hängen und mehrere Netze jetzt über die Wiese breiten. Manche Nachbarn tun das. Aber das sieht so hässlich aus, und es macht sehr viel Arbeit.

Die Rede ist von der Amsel (turdus merula), auch Schwarzdrossel genannt – einer unserer häufigsten Park-, Garten- und Waldvögel. Im Brehm steht, dass sie sich hauptsächlich von Kerbtieren, Schnecken und Würmern ernährt. Würmer ja, ich habe mehrmals gesehen, wie sie ein fettes Exemplar aus dem Boden zieht und verschlingt oder mit der sich ringelnden Beute zu ihrem Nest fliegt, wo die Jungen warten. Noch nie habe ich eine Amsel beim Verzehr von Schnecken beobachtet. Meine Kirschen sind eindeutig beliebter.

Aber wer könnte ein Geschöpf hassen, das so schön singt? Amseln gehören zu den besten Singvögeln überhaupt. »Ihre Lieder fließen ruhig und feierlich dahin wie Kirchengesänge.« (Brehm). Sie singen in Strophen, in C-Dur oder G-Dur, wechseln von Vierteltönen auf Achtel und Sechzehntel. Das haben musikalische Forscher herausgefunden, und auch, dass jede Amsel immerfort neue und eigene Melodien erfindet. Eine Amsel lernt von der anderen, es gibt regelrechte Lehrer-Schülerbeziehungen. »Gute Sänger erziehen vortreffliche Schüler«, schreibt Richard Gerlach in seinem Buch »Die Gefiederten«.

Es ist immer ein besonderes Erlebnis, im Frühjahr morgens im Bett die erste Amsel zu hören. Das Leben wird irgendwie leichter, heller. Sie setzt sich zum Singen auf den Gipfel eines Baumes oder einer Fernsehantenne. Ach, den ganzen Winter über ist sie schwarz (wenn sie ein Männchen ist) oder grau gesprenkelt (als Weibchen), stumm und griesgrämig und halb erfroren in irgendwelchen Hecken herumgesessen. Der Winter ist eine mühselige Jahreszeit für einen Vogel, nicht einmal, wenn er fliegt, sieht er schwerelos aus.

Turdus merula bleibt in der Kälte bei uns. Im Verhältnis zu ihrem Körper hat die Amsel ein sehr großes Herz. Die Temperatur ihres Blutes ist um drei bis sieben Grad höher als die unsere. Wir würden von Fieber sprechen. Das Leben brennt heißer in den Vögeln als in den Menschen, und nun freuen sie sich dieses Lebens wieder. Schwirren, flöten, verlieben sich, tanzen, jubeln. Legen Eier, dreimal im Sommer, zeigen ihren Kindern, wie man fliegt, wie man singt, wie man der Nachbarkatze entkommt.

Dieses Jahr hat ein Amselpaar im Gestänge meiner Markise ein Nest angelegt. Direkt neben dem Kirschbaum. Sollen sie sie doch haben meine Kirschen. Das Blöde ist nur, dass ich die Markise nicht mehr entfalten kann. Bringe ich es übers Herz, eine kinderreiche Familie aus ihrer Wohnung zu weisen? Es wird ein heißer, schattenloser Sommer werden.

Kirschbaum – Mein Freund, der Baum

Prunus avium – so heißt mein Kirschbaum auf Lateinisch – ist mein Sorgenkind. Seit er als vier Zentimeter hoher Winzling in einem Blumenkübel auf meiner Terrasse aufgetaucht ist, nimmt er meine ständige Aufmerksamkeit in Anspruch. Erst das Bemühen, ihn groß zu kriegen und in ein mit Kompost gepolstertes Loch in der Wiese zu setzen. Dann das Problem, den kleinen Kerl nicht mit dem Rasenmäher versehentlich umzusäbeln …

»Kirschen wachsen sehr kräftig«, steht in meinem Buch der heimischen Obstbäume. Zur Ernährung brauchen sie pro Quadratmeter im Frühjahr eine Prise Kalimagnesia, zwei Prisen Superssulfatsalpeter, eine kleine Portion Superphosphat und mäßige Feuchtigkeit. Kriegt mein Prunus alles von mir. Prunus heißt ja eigentlich Pflaume, und Kirschen gehören zur Familie der Rosengewächse – das weiß der Nichtgärtner, der sich seine Kirschen pfundweise kauft, nur selten.

Mein Bäumchen wuchs zu einem schlanken Jüngling heran und bekam im dritten Jahr die ersten schüchternen weißen Blüten. Er war eine Wildkirsche, musste also veredelt werden. Der Fachmann kam. Es war eine schmerzhafte Prozedur, nicht nur für ihn, sondern auch für mich. Alle seine jungen Äste wurden gekappt, aufgeschlitzt, fremde Zweigstücke wurden in die Wunden gesteckt und fest mit Bast umschnürt. Kläglich stand er da, hässlich, wie amputiert. Man soll mit Bäumen reden, habe ich gelesen. Ich entschuldigte mich bei ihm, erklärte ihm, dass er jetzt ein Herzkirschenbaum war, beziehungsweise sein würde.

Er überwand die Krise, wuchs sich zu einem schönen Baum aus, bekam tatsächlich die ersten roten prallen Herzkirschen. Happy end? Ach nein. Als er sechs Jahre alt war, bemerkte ich in einer Astgabel Risse und einen harzartigen Ausfluss. Er litt am so genannten Gummifluss, einer ernstlichen Erkrankung. Die befallenen Stellen sind bis ins gesunde Holz auszuschneiden. Schon wieder mit dem Messer kommen? Ich wusch die Stellen, schabte die Krusten ab. Er wirkte, als ob er sich erholen würde.

Aber so ein Kirschbaum hat viele Feinde. Als Nächstes wurde mein Freund von der Schrotschusskrankheit befallen, seine Blätter bekamen viele kleine Löcher und fielen ab. Im Frühjahr darauf trieb er aus, als sei nicht geschehen. Aber weil es ein feuchtes Frühjahr war, wurde er von der Monilia (Spitzendürre) heimgesucht. Und dann fiel die Schwarze Süßkirschenlaus über ihn her. Die Kirschblattwespe verkrumpelte seine Blätter.

Gegen alles gibt es Mittel der Giftstufe 1 (weißer Totenkopf auf schwarzem Grund) und der Giftstufe 2 (roter Totenkopf auf weißem Grund). Um ihm solches zu ersparen, versuchte ich, die schwarzen Läuse mit Seifenwasser wegzuspritzen. Ich schnitt befallene Zweige ab. Ich kehrte alles Laub zu seinen Füßen sorgfältig zusammen und brachte es weit weg, um eine Wiederansteckung zu verhindern. Mit Erfolg oder ohne – jedenfalls lebt er noch, mein Baum.

Und Kirschen? Herzkirschen? Ja, die bringt er unverdrossen hervor. Die fressen die Vögel. Seit ich einmal beim Pflücken von der Leiter gefallen bin, gönne ich sie ihnen. Und kaufe wie ganz normale kirschbaumlose Menschen meine Kirschen auf dem Markt. Übrigens wundere ich mich nicht mehr über die stolzen Preise. So ein Kirschbaum ist sehr pflegeaufwändig. Aber so wunderschön, wenn er blüht …

Magnolie – Eine attraktive Chinesin

Meine Großmutter hatte im Vorgarten einen Magnolienbaum. Es war ein kleiner Vorgarten in einer bescheidenen Reihenhausgegend, eigentlich ganz und gar unstandesgemäß für eine Magnolie, die aus höchstadligen Kreisen stammt, nämlich aus den Gärten des Kaisers von China. Allein dem Sohn des Himmels gebührte einst ihr Besitz. Nicht nur der Anblick der tulpenartigen weißen Blüten entzückten ihn, sondern auch ihr Geschmack. In der kaiserlichen Küche wendeten Eunuchen die fleischigen Blütenblätter in Ei und Mehl, um sie in Öl zu frittieren.

Meine Großmutter aß ihre Magnolien nicht auf. Das Bäumchen stand bescheiden neben der Haustür und blühte wunderschön – falls es blühte, was es nicht jedes Jahr tat. Gab es im März noch einmal starken Frost, so zeigte sich die Tochter des Fernen Ostens gekränkt. Ihre Knospen wurden braun und fielen ab, und meine Großmutter war untröstlich. Sie hielt es für ein böses Omen, wenn die Magnolie nicht blühen wollte.

Alles an ihrer exotischen Erscheinung war von erlesener Schönheit, ihr lockerer Wuchs, ihre frisch hellgrünen Blätter, ihre rötlichen zapfenartigen Früchte im Herbst, aber vor allem natürlich ihre fast handtellergroßen Blüten, von weiß bis zu zartem Rosa im Inneren schimmernd. Jade-Orchidee nennt man sie in China oder auch »Blume des nächtlichen Beisammenseins«. Als Kind saß ich oft lange vor den bis zum Boden reichenden Zweigen und stellte mir vor, in so einem herrlichen Kelch zu leben, als Blumenelfe oder wenigstens als kleiner gründgoldener Käfer.

Warum ich mich gerade jetzt daran erinnere? Weil ich vergangene Woche einen Fliederstrauch ausgegraben und weggeworfen habe, der an der Welkekrankheit litt. Nun war endlich Platz für eine Magnolie. Ich begab mich in eine Baumschule. Dort erging es mir so ähnlich wie es einem heutzutage ergeht, wenn man ein Schuhgeschäft betritt und Turnschuhe haben will. Welche? Zu welchem Zweck? Soll die Magnolie klein und buschig, hoch, großblütig, sternblütig, purpurrot, gelb weiß, cremefarben sein? Vielleicht eine Magnolia stellata oder eine Magnolie soulangiana, welche nicht so kälteempfindlich ist? In Amerika gibt es eine Magnoliengesellschaft, deren Liste 640 Arten aufzählt.

Aber außer der Wahl ist an sich alles ganz einfach. Man sucht einen windgeschützten, sonnigen Platz, gräbt ein Loch, gibt Torf hinein, deckt die junge Pflanze schön mollig mit Laub ab. Sie steht gern allein, braucht im Sommer viel Wasser. Und übrigens ist jetzt im Herbst keine Pflanzzeit für sie. Sie mag sich im kalten Winter nicht an einen fremden Ort eingewöhnen. Also warten bis zum Frühjahr.

Warten muss der Magnolienfreund sowieso. Es dauert schon mindestens zwei Jahre, bis sie Blüten ansetzt, bei manchen Arten bis zu fünfundzwanzig Jahre. Die attraktive Chinesin ist keine Anschaffung für eine kurze Zeitspanne, kein rascher Flirt. Aber es liegt nicht im Wesen des Gärtners, ernsthaft zu überlegen, ob er überhaupt noch lebt, wenn das, was er pflanzt, steckt, sät, Gestalt annehmen wird. Wir Gärtner planen in die Unsterblichkeit hinein.

Salix – Aspirin vom Baum

Ich fühle mich heute aggressiv, gereizt, streitsüchtig. Ich habe Vitaminmangel, ich möchte schlafen, halt – nein, nicht schlafen, lieber Spazieren gehen, Sauerstoff tanken. Ich will nicht arbeiten, auch nicht im Garten. Ich will ... weiß nicht, was. Die Natur weiß es ja zu dieser Jahreszeit auch nicht. Soeben hat es noch geregnet, jetzt blitzt wieder die Sonne. Frühling. Der komische Zustand, gegen den man nichts machen kann.

Vielleicht aber doch. Jedenfalls wenn man dem Buch »Auf Bäume hören – mit Bäumen sprechen« von Manfred Müller-Berg Vertrauen schenkt. Darin ist von der magischen Aura von Bäumen die Rede, davon, dass jeder Baum eine eigene Botschaft für uns bereithält. Die Birke zum Beispiel Reinheit und Frische, die Fichte Ausgeglichenheit, der Apfelbaum Sinnlichkeit, die Linde Herzlichkeit und Liebe. Die Salweide (Salix caprea) Friedfertigkeit.

Wo finde ich eine Salweide? In Gärten ist dieser Baum selten, eher in Parks, Moorlandschaften, Flussauen. Die Salweide mag es feucht, sie entwickelt wahnsinnig viele Wurzeln, die sich gern um Abflussrohre und unterirdische Leitungen drehen und sie abwürgen. Deshalb meidet der Gärtner sie. Aber: Sie strömt Friedfertigkeit aus. Wer sich aufmerksam der Betrachtung hingibt, der wird etwas von dem Frieden spüren, den uns dieser Baum mitteilen will. Steht in dem Buch.

Büschel aus Palmzweigen, in der Kirche feierlich geweiht, gehören in manchen Gegenden zur Karwoche und zu Ostern. Sie sollen an den Einzug von Jesus in Jerusalem erinnern. Der Überlieferung nach saß Gottes Sohn dabei mit einem Palmzweig auf seinem Esel. Botanisch ist das durchaus denkbar. Die 300 Salix-Arten wachsen in allen Zonen der nördlichen Halbkugel von Japan, China, Korea über den Himalaja bis in die Türkei und Nordafrika, hierzulande und weiter hinauf in arktischen Gebieten.

Manche Bäume werden 25 Meter hoch, manche Sorten klettern 3 Zentimeter niedrig über Felsen und Geröll. Alle haben sie schmale Lanzettenblätter und mehr oder weniger auffallende Kätzchen. Die Rinde und getrocknete Blätter gelten seit altersher als Heilmit-

tel gegen Rheuma. das darin enthaltene Salicin ist eine Vorstufe der Salicylsäure. Um 1830 wurde Salicin aus der Weidenrinde isoliert. Es ist die Grundsubstanz für Aspirin.
Probieren wir's mal aus. Ganz in meiner Nähe an der Isar wächst eine mächtige Salweide. Das ist die, welche die schönsten Kätzchen liefet. Frühnahrung für die Bienen. Ich habe sie besucht, mich darunter gesetzt, den Kopf an ihre weißgraue Rinde gelehnt. Die Bienen summen, summen. »Erspüren Sie den Frieden, der von diesem Baum ausgeht«, schreibt mein Buch. »Er ist, was Lamm oder Taube unter den Tieren sind: ein Symbol der Friedfertigkeit.«

Um den Beweis anzutreten, dass es die Stimme des Baums war und nicht das Bienengesumm, das mich einschläferte, muss ich natürlich noch öfter dorthin gehen. Ein Besuch genügt nicht. Immer, wenn ich richtig krätzig bin, muss ich hin. Vielleicht macht das Zuhören, Berühren der Rinde, Anschauen der Äste und Zweige wirklich einen freundlichen, friedlichen Menschen aus mir. Schlecht wär's nicht.

Der Pferdemörder

Bei einem Waldspaziergang begegnete ich ihm zum ersten Mal. Es war zeitiger März. An einem gelbgrasigen Abhang stand ein niederer Busch mit vielen kleinen rosavioletten Blüten an kahlen Zweigen. In meinem Naturführer »Was blüht denn da?« fand ich ihn beschrieben: Seidelbast, Daphne mezereum. Dazu fiel mir ein melancholisches Gedicht von Carl Zuckmayer ein, das vom Verwesen des Körpers im Frühling handelt. »Aus meinem Herzen wächst der Seidelbast«, endet jede Strophe gewissermaßen als Trost. Ich beschloss, dass ich auf meinem Grab einen Seidelbast haben will. Und pflanzte dann noch lieber zu Lebzeiten einen in meinen Garten.

Seither weckt er in jedem März, wenn der Garten noch größtenteils vor sich hinschläft, meine Frühlingssehnsucht mit seinem Duft und seinem Leuchten. Später bekommt er schüttere unscheinbare Blätter und im Herbst scharlachrote Beeren. Er wächst langsam, steht gern für sich allein. Ein Solitär, ein Einsiedler im lichten Halbschatten. »All meine Knochen sind zu Staub zerfallen, aus meinem Herzen wächst der Seidelbast …«

Der Gemeine Seidelbast hört auch auf den Namen Kellerhals, Brennwurzel oder Pferdemörder, weil er nämlich furchtbar giftig ist. Alle seine Teile – Beeren, Rinde und Blätter – enthalten das starke Gift Mezerein, was Brennen im Schlund, unauslöschlichen Durst, Blasen auf der Haut, anhaltende Leibschmerzen und Fieber auslöst. Tiere, die davon fressen, bekommen blutigen Durchfall. Deswegen müssen Kinder, so das »Vollständige Giftbuch zum Schul- und Privatgebrauche« aus dem Jahr 1840, eindringlich vor dem Genuss gewarnt werden.

Aber da dürfte es im Garten auch keine Maiglöckchen, Vogelkirschen, Stechpalmen, Eiben, keinen Goldregen, keinen Fingerhut, Eisenhut und keine Herbstzeitlosen geben. Ein Garten ist nun mal keine Schnellimbissbude, auch altbewährte, vertraute Pflanzen können gefährlich sein. Man kann Kindern das ganz gut erklären, möchte ich aus meiner Erfahrung behaupten.

Die Heilkunde ist dankbar für die speziellen Wirkstoffe des Seidelbast. Sie werden für viele Medikamente genutzt. Der Seidelbast steht unter Naturschutz. In Wäldern, an Teichrändern und in Flussauen wächst er als Wildpflanze, in Süd- und Nordwestdeutschland, in Skandinavien und in England. Woher er stammt, weiß man nicht. Höchstwahrscheinlich aus dem Kaukasus, den griechischen und türkischen Gebirgsgegenden. Nah verwandt ist er mit dem hübschen Steinröschen.

Vom Schreibtisch aus sehe ich in den Garten hinaus. Ganz hinten vor den Rhododendrenbüschen steht er, ein bisschen sparrig, voll von Knospen, die in den nächsten Tagen aufbrechen werden. Ehrlich gesagt kann ich mir ganz gut vorstellen, dass er aus meinem Herzen wächst … irgendwann.

Verliebte Narzissen

Ach, sie sind so eitel. Die eitelsten Blumen, die ich kenne. Nichts, aber auch gar nichts haben sie von der Schüchternheit der Schneeglöckchen, der Bescheidenheit der Veilchen oder kühlen Vornehmheit von Lilien. Man hat das Gefühl, dass sie wissen, wie schön sie sind, wunderschön. Alle Blicke auf sich ziehend stehen sie hochaufgerichtet im Staudenbeet und läuten den Frühling nicht leise ein – sie trompeten ihn herbei. Gut, dass die kleinen gelben Winterlinge schon verblüht sind. Sie hätten gar keine Chance neben so viel Protz und Pracht.

Das mit der Eitelkeit ist natürlich kein Zufall. Schließlich stammen sie nach der griechischen Mythologie von einem schönen Jüngling ab, der an seiner Quelle saß und immerzu sein Bild im Spiegel des Wassers bewunderte. Er war geradezu rasend verliebt in sich selbst, was die Göttin Aphrodite so erboste, dass sie seinen Tod herbeiführte. An der Stelle, an der er starb, kamen Blumen aus der Erde – so schön wie er gewesen war. Der unglückliche Junge hieß Narziss, und die Blumen waren die ersten Narzissen. In Griechenland galt die Narzisse denn auch als Blume der Unterwelt, Blüte des Todes. Narkoe heißt: ich erstarre. Narkose kommt aus demselben Wortstamm.

Heute gibt es unzählige Narzissenarten, kleine und große, weiße, gelbe, rosafarbene, gefüllte, gefranste, mehrblütige. Die so genannte Dichternarzisse hat weiße Blütenblätter und ein scharlachrotes Herz, die Trompeternarzisse »Narcissus pseudonarcissus« in leuchtendem Goldgelb nennen wir Osterglocke.

Bei aller Selbstgefälligkeit haben Narzissen auch eine bescheidene Seite, was nämlich ihre Pflegeansprüche betrifft. Sie sind äußerst robust, frosthart, unempfindlich. Von Wühlmäusen werden sie nicht bedroht, weil ihre Zwiebeln giftig sind. Man steckt sie in die Erde und überlässt sie sich selbst. Sie verwildern rasch, bilden neue Nester.

In England, wo sie »Daffodils« heißen, sind sie noch beliebter als Tulpen. Man erzählt sich dort noch heute, dass 1895 einem Züchter 500 Pfund für eine einzige Zwiebel einer besonders schönen neuen Sorte geboten wurden. In englischen Parks blühen jedes Frühjahr tausende Narzissen – ganze Wiesen voll. Auch in Liverpool, der einstmals so schönen und reichen Handelsstadt, die in ärmlicher Verwahrlosung verfällt, seit der Hafen von modernen Containerschiffen nicht mehr angefahren werden kann.

Königliche Villen, schlossartige Landsitze zerbröckeln. Ein Menetekel, dass nicht nur die Tage des Menschen gezählt sind, sondern auch die Tage des Geldes. Nur die Daffodils kommen in jedem Jahr, immer noch, bedecken das Elend mit ihrem Glanz, leuchten in Parks und Gärten, die niemand mehr pflegt. Schönheit, so scheint es, triumphiert über den Tod. Und Eitelkeit natürlich auch.

Tulpen – Wissenswertes über Sex

Welches Tier man gerne wäre, wird in Psychotests oft gefragt. Eule, Jaguar, oder was? Die Antworten gelten als sehr aufschlussreich. (Ein Tipp: sag niemals »ein Adler« – das entlarvt dich als herrschsüchtig und dominant.) Was für eine Blume man sein möchte, gilt hingegen als uninteressant. Also, ich möchte eine Tulpe sein. Warum? Weil ich Tulpen einfach gut finde, klar konstruiert, ein Stängel, ein paar simple Blätter, ein ruhig geformter Blütenkopf mit offen gezeigten Geschlechtsorganen. Anhand von Staubgefäßen und Stempel haben wir im Biologieunterricht zu meiner Zeit alles Wissenswerte über Sex gelernt.

So eine schöne Tulpe, brennend rot oder leuchtend weiß (ich möchte auf jeden Fall eine einfarbige Tulpe sein). Ich stünde in einer Gruppe und hätte doch immer meine eigene Zwiebel, in die ich mich nach der Blüte zurückziehen könnte, die mich ernähren und vor Kälte schützen würde. Ich bräuchte nicht viel zum Leben, ein bisschen Sand im Boden, damit ich keine nassen Füße bekomme, etwas Sonne, fertig. Dafür würde ich wochenlang blühen, bis es mir zu warm wird.

Tulpen sind aus der Türkei nach Europa gekommen, angeblich hat ein Diplomat anno 1559 eine einzige Zwiebel in seine Heimat gebracht. Sofort brach das Tulpenfieber aus. 13.000 Gulden soll ein reicher holländischer Kaufmann pro Zwiebel bezahlt haben, und die Preise sind noch gestiegen. Einfarbige Tulpen gab es anfangs noch nicht. Man kann das auf den Blumenstillleben von Rembrandt und Rubens sehen: gestreifte und gefleckte Blüten in allen Farben.

Die so genannten Papageientulpen mit unregelmäßig gekrausten Blütenblättern sind übrigens zufällig entstanden, als Blattläuse sich mit einem Virus infiziert hatten und ihre Kräuselkrankheit an glatte Tulpen weitergaben. Habe ich in einem Buch gelesen. Die Tulpenzüchter waren begeistert und schleusten den Defekt in die Gene ein.

Zur Tulpenblüte nach Holland, wo auf dem Keukenhof 10 Millionen Tulpen in 750 Sorten blühen, fahren jedes Frühjahr unzählige Touristen. Wenn ich eine Tulpe wäre, möchte ich dort nicht sein. Das wäre mir zu viel Umtrieb. Der liebste Standort wäre für mich mein eigener Garten, weil ich es als Gärtnerin noch nie fertig gebracht habe, auch nur eine Tulpe abzuschneiden um sie in die Vase zu stellen. Ich kaufe meine Tulpensträuße und achte sorgfältig darauf, sie nicht mit Narzissen zusammenzubringen. Tulpen hassen Narzissen. Sie werden sofort schlapp, wenn sie sich das Wasser mit ihnen teilen müssen.

Meine liebsten Tulpengeschichte ist die Geschichte eines englischen Arbeiters und Hobbygärtners, der 1847 in einem schrecklich kalten Winter seine einzige Bettdecke auf sein Tulpenbeet legte. Er selber hat sich dadurch den Tod geholt. Diese Geschichte soll wirklich wahr sein.

Gladiolen – Zeichen der Vergänglichkeit

Der Gartenmensch ist ein zukunftsfreudiger Vorausdenker. Er grabt im Novembernebel Löcher in den Boden und versenkt Knollen, Zwiebelchen und Wurzelballen, während in seinem Geist die Frühjahrssonne scheint und die lauen Lüfte wehen. Wie bezaubernd hier die Tulpen, Krokusse, Lilien sich ausnehmen werden, wie betörend die Rosen duften und der Phlox blüht! Immer, mit Ausnahme beim Unkrautrupfen, liegt das Schönste vor ihm.

Und genau hierin liegt der Nachteil von Gladiolen. Die müssen nämlich im April bis Mai in die hoffnungsvoll grünenden Beete hinein, und dabei muss man an den Herbst denken. Denn wenn sie blühen, wird der Sommer sich schon neigen. Gladiolen sind die Feuerzeichen der Vergänglichkeit, hat mal jemand gesagt. Deswegen mag ich sie nicht so besonders.

Sehr oft vergesse ich einfach, ihre Zwiebeln zu setzen. Sind es überhaupt Zwiebeln? Meine lieben Botaniker, da gibt es einiges nachzutragen, was wir Laien gerne wüssten. In manchen Büchern steht »Zwiebeln«, in anderen »Sprossenknollen«. Afrika, Europa und der Nahe Osten sind die Heimat der aus etwa 180 Arten von Knollenstauden bestehenden Gattung, unterrichtet mich ein Lexikon. Ein anderes beschreibt die Gladiole als eine »schwertlilienähnliche Zwiebelpflanze«. Etwas verwirrend.

Auf meinen Gladiolentüten mit illustrierten Pflanzenanweisungen aus dem Supermarkt ist ebenfalls von Zwiebeln die Rede. Jedenfalls sind so braune runde Dinger darin, die 15 cm tief unter die Erde müssen und im Herbst wieder heraus, weil sie scharfen Frost nicht vertragen. Im Volksmund heißt die daraus sprießende Pflanze auch »Siegwurz«. Den schöneren Namen Gladiole verdankt sie dem römischen Schriftsteller Plinius, der eine Naturgeschichte verfasst hat und 79 n. Chr. beim Ausbruch des Vesuvs umgekommen ist. Gladiolus – das kleine Schwert.

Das kleine Schwert hat harte, spitze Blätter und einen bis zu 1 m hohen Stiel mit trichterförmigen Blüten, die nacheinander daran aufgereiht sind, so schwer, dass jeder Blütenstiel einen sicheren

Halt braucht. Wunderbar stehen sie deshalb vor Zäunen. Sie blühen lang in herrlichen Farben. Es gibt auch kleine, zarte Arten, für die manche mehr schwärmen als für die großen, wehrhaften. In klimabegünstigten Zonen Englands wachsen sie wild, auch aus den deutschen Rebländern kommt die Kunde, dass sie den Winter nicht fürchten.

Wenn es so weit ist, bin ich natürlich froh, sie doch gegen meine inneren Widerstände gesteckt zu haben. Wenn ich klug war, habe ich sie ein bisschen zeitversetzt gesteckt (vorausdenkend, denn dann stehen die Gladiolen wochenlang prachtvoll da). Gut, dann wird es Herbst sein. Aber bis dahin vergeht ja noch eine Menge schöne Zeit, nicht wahr?

Mandelbaum – Griechische Nüsse

Der Anblick eines blühenden Mandelbäumchens erinnert mich immer an eine Balletttänzerin: eine durchsichtig zarte blassrosa Tüllwolke, graziös, fast körperlos. Ich bin im südlichen Württemberg aufgewachsen, in einer Weingegend, wo zeitig im Frühjahr noch vor den Aprikosen und Pfirsichen die Mandelbäumchen blühten.

Später musste ich natürlich unbedingt ein Mandelbäumchen in meinem Garten haben. Und weil mein Garten nicht im Rebland liegt, begann eine lange tragische Geschichte. Mein erstes Bäumchen hüllte ich vor Einbruch der Kälte liebevoll in eine Strohdecke. An warmen Februartagen nahm ich die Decke stundenweise weg, nachts band ich sie wieder um. Resultat: Es setzte Knospen an. Es blühte! Ein bisschen zaghaft, vier Tage lang. Wir hatten schon Anfang Mai, ich wiegte mich und meinen Liebling in Sicherheit, und dann passierte es am helllichten Tag – es schneite. Bloß ein paar Stunden lang, aber für die kleine Tänzerin reichte es. Sie ließ ihre Blüten fallen.

Im Sommer bekam sie ein paar Blätter, im Herbst wickelte ich sie wieder ein. Es fror in diesem Winter Stein und Bein. Als ich das Bäumchen auspackte, war es tot. »Nehmen Sie lieber einen Strauch«, sagte der Gärtner in der Baumschule. »Sträucher sind robuster.« Ich pflanzte also einen neuen Prunus dulcis in Strauchform. Ein Strauch hat nichts Tänzerisches, nichts Schwereloses. Er hockt bodenständig da. Aber er blühte. Irrte ich mich, oder waren auch die Blüten dicker, robuster? Nach der Blüte bekam er Mehltau. Dann starb auch er.

Mandeln gehören zur Familie der Rosengewächse. Sie mögen warme Sommer und kühle, nicht kalte Winter, sandigen Boden und auf keinen Fall Wind. Höchstens einen Luftzug wie von einem Bühnenvorhang. Keinen einheimischen Nordost. Das wird auch Karl der Große gemerkt haben, der von den Mandelbäumchen Italiens ähnlich begeistert war wie ich und sie mit nach Hause brachte. Erst in Klostergärten, geschützt hinter Mauern, gewissermaßen umweht von Weihrauch, zeigten sie ihre Schönheit. Aber auch da waren sie anfällig für Mehltau und die Schrotfleckenkrankheit. Primadonnen halt.

Aus Kleinasien waren sie über Griechenland nach Rom gekommen, wo man ihre Früchte »griechische Nüsse« nannte. Die Alpen haben sie nur zögernd überschritten. Das war nicht ihr Milieu. Ich habe es immer wieder mit ihnen versucht, habe mich von ihnen in Gartencentern und Baumschulen verführen lassen. Kein Erfolg. Vielleicht werde ich eines Tages in den Süden ziehen, nur wegen der Mandelbäumchen. Irgendwohin, wo es Weinstöcke gibt, und sei es ins Land meiner Kindheit – nach Südwürttemberg.

Gemeines Ferkelkraut

Das Geräusch macht mich noch wahnsinnig, besonders, weil es offenbar nur ich höre. Die Familienangehörigen haben mich deshalb schon für nicht ganz dicht erklärt. Aber man darf mir glauben: Mein Unkraut schreit. Wenn ich auf allen vieren in meinem Garten herumkrieche, um Löwenzahn, Brennnesseln, Giersch, Hahnenfuß den Garaus zu machen, dann ist dieses Geräusch da. Es ist ein Laut zwischen leisem Wimmern und Aua!, doch, ganz bestimmt. Vor allem der Löwenzahn klagt, vielleicht, weil sich seine lange Pfahlwurzel wie ein Backenzahn nur schwer aus dem Untergrund ziehen lässt.

Manchmal zweifle ich wirklich an mir selbst. Ich höre es doch deutlich! Einzig ein Berufsgärtner, den ich zum Heckenschneiden beschäftigte, war einmal bereit, zusammen mit mir hinzuhören. Er fand auch eine Erklärung. Es seien meine rosaroten Gummihandschuhe, die beim energischen Ziehen quietschen. Einleuchtend. Andererseits quietschen meine Gummihandschuhe ja auch nicht, wenn ich mit ihnen Geschirr spüle oder Kartoffeln schäle. Ich kann den Gegentest nicht antreten, weil ich auf ärztliche Anordnung nur mit Handschuhen in der Erde arbeiten darf. Falls jemand dazu bereit ist: Es müssen rosarote Gummihandschuhe sein, ein bisschen zu groß, um den exakten Vergleich zu gewährleisten.

Unkraut hat ja auch allen Grund zum Jammern. Es strengt sich an, zu wachsen, zu wuchern, zu blühen. Aber der Mensch mag es nicht. Das merkt man schon an den Namen, die viele wilde, also nicht von ihm auf Hochglanz gezüchteten Pflanzen tragen: Flohknöterich, Mäusegedärm, Kratzdistel, stinkende Pestwurz, Läusekraut, Giersch, aufgeblasenes Leimkraut, Zahnwurz, Klappertopf, Hauhechel, gewöhnlicher Taubenkropf – damit müssen sie leben. Löwenzahn klingst wenigstens respektvoll, deswegen heißt er in manchen Gegenden auch Kuhblume.

Die Liste lässt sich lang fortsetzen. Raus muss das Zeug, sonst überschwemmt es in seinem Übereifer unsere Rosen, Madonnenlilien und Ziernelken. Ist ja auch was dran: Ich hatte mal im Vorgarten Borretsch, der sich wild aussäte. Hübsche blaue Blütensterne, ein hervorragendes Gewürz außerdem im Gurkensalat und der Kartoffelsuppe. Aber so viel Gurkensalat und Suppe isst man schließlich auch nicht. Und es kam der Tag, an dem nur noch Borretsch, gelbsparrig im verblühten Zustand, die Gegend schmückte. Ich musste ihn ausrotten. Es ging übrigens ganz leicht, er hat nicht geschrien. Ach, und am Zaun blüht ein wunderschönes Blümlein wie eine kleine orangerote Sonnenblume. Herkunft und Name unbekannt. Vermehrungswillig mit Pustekugeln wie Löwenzahn. Wie heißt es bloß? Ich musste etliche Nachschlagewerke erstehen, um seinen Namen zu erfahren. Es handelt sich um das Gemeine Ferkelkraut, Hypochoeris radicata, Korbblütler, borstig behaarte Pflanze, Standort Magerrasen, Verbreitung fast ganz Europa, Blütezeit Juni bis September. Ich schwöre, mich ihm nicht mit Gummihandschuhen zu nähern. Mein Ferkelkraut soll's gut bei mir haben.

Katholische Düfte

Manchmal bewirkt ein besonderer Duft, dass wir uns an längst Vergangenes erinnern. Eine gewisse Stimmung ist auf einmal wieder da, etwas Schönes, Vertrautes, vielleicht Verlorenes. Es gibt ein Nasengedächtnis. Ich habe im Garten zum Beispiel eine Pfingstrose, an deren blassrosa Blütenkugeln ich nur zu riechen brauche, um mich als Kind zu fühlen. So hat es damals im Mai und Juni in der Kirche gerochen, wenn der Altar der Jahreszeit gemäß mit Pfingstrosen geschmückt war. Seltsam feierlich, süß und fromm.

Meine Pfingstrose riecht katholisch. Sie ist mir sozusagen durch Zufall beschert worden. Die anderen, die ich vor ihr gesetzt habe, blühen auch schön, prächtiger sogar, leuchtend rot. Sehen toll aus, aber riechen nach nichts. Und dann kam eben diese Zarte, Blasse, die so verschwenderisch duftet. Ihretwegen wünsche ich mir immer, dass der Mai kühl ist. In der Wärme verblühen Pfingstrosen so schnell.

Bauernrosen heißen sie auch. Zuerst nämlich in ihrer europäischen Geschichte standen sie in Bauerngärten, Ableger einer wilden Art, die in Mittelmeerländern heute noch gelegentlich zu finden ist. Weil man seinerzeit hauptsächlich nach der Nützlichkeit gefragt hat, wurde sie als Heilpflanze gehalten. Hildegard von Bingen rühmte ihre Heilwirkung bei Gicht und Epilepsie.

Ihre Schönheit wurde erst so richtig beachtet, als sie in der Mitte des 19. Jahrhunderts als Import aus China einreiste: Paeonia lactiflora aus den kaiserlichen Gärten. Von einer chinesischen Kaiserin war sie »Zierde des Kaiserreichs, Schönste im Lande, Anbetungswürdige« genannt worden. Eine Sorte trug, ins Deutsche übersetzt, den Namen »Weißes Gewand, zerknittert vom Sohn des Himmels«. Das ist wahrscheinlich meine, meine Festliche, meine Sonntagsbraut.

Der Umgang mit ihr ist ganz unkompliziert. Sie mag gern Sonne, vermischt mit etwas Schatten, einen frischen, nährstoffreichen Boden – und ihre Ruhe. Man soll sie nicht umpflanzen, heißt es. Ich habe meinen Liebling vor fast zwei Jahrzehnten bei einem Wohnortwechsel allerdings mitgenommen. Sie hat ein, zwei Jahre gebraucht, bis sie sich an die neuen Verhältnisse gewöhnte. Aber jetzt blüht die alte Dame so jugendfrisch und freudig wie eh und je. Und duftet, duftet, duftet. Dabei ist sie ja eigentlich bloß ein Kind aus der ordinären Familie der Hahnenfußgewächse, winterhart, blattlaus- und schneckenresistent. Irgendwie ist sie in ihrem vom Himmelssohn zerknitterten Prachtgewand ein heiteres Bauernmädchen geblieben …

Die Seele der Pflanzen

Unlängst hörte ich von einem alten Gärtner, der einen Azubi entließ, weil er ihn nie, nicht ein einziges Mal, mit einer Pflanze sprechen hörte. »Er versteht nichts von Pflanzen. So jemanden kann ich nicht brauchen.« Vielleicht war diese Reaktion ein bisschen hart – im Prinzip aber, finde ich, hatte der alte Gärtner nicht Unrecht. Ich bin nämlich auch der Ansicht, dass man mit Pflanzen reden muss, dass man sie respektvoll und einfühlsam behandeln muss wie ein lebendes Wesen. Nicht wie eine farbenprächtige Dekoration.

Aber das hat man sich inzwischen angewöhnt. Im Supermarkt um die Ecke stehen derzeit Topfrosen im Sonderangebot, Stück zu 19,99 DM. So richtig geeignet, in einem Terracottatopf Deko-Stück im traumhaften Ambiente »italienischer Innenhof« zu sein. Am letzten Samstag waren noch vier Stück davon da, ein wenig welk, bis zum Montag würden sie vertrocknet sein. Eine davon habe ich mitgenommen, weil sie mir so Leid tat. Ich gieße sie, rede ihr gut zu, ich bin sicher, sie wird dankbar sein, sich freuen und es mir zeigen. Schon am ersten Morgen habe ich mir eingebildet, dass sie gelächelt hat.

Seit 35 Millionen Jahren gibt es Pflanzen, so viel länger als den Menschen. Als der erschien, gehörte den Pflanzen bereits die Erde. Sie haben ungeheuer viel Erfahrung, wie man Hitze, Kälte, Ungezieferplagen überlebt. Sie waren die großen Wanderer, der Wind verwehte ihre Samen, Gletscher haben sie tiefgefroren. Als der Mensch ihre Schönheit entdeckte, hat er sie ausgegraben, von irgendwoher irgendwohin mitgenommen. Sie haben alles überstanden, die Reisen vom Dschungel ins kalte England, vom glühenden Südamerika in die Glashäuser französischer Parkanlagen, von China in schwäbische Kostergärten. Unsere Rosen zum Beispiel ließen sich geduldig über die ganze Erde verteilen. Weil sie anpassungsfähig sind und zäh, sagten Botaniker.

Weil sie eine Seele haben, sage ich. Und einen eigenen Kopf. »Das Benehmen der Pflanzen bleibt unerklärlich. Keine Regel wird eingehalten, und gerade das macht das Gärtnern so abwechslungsreich und interessant«, schrieb die englische Gärtnerin und Schriftstellerin Vita Sackville-West in ihr berühmtes Tagebuch. Nie, meinte sie, werde in Gartenbüchern erwähnt, dass viele Pflanzen am besten gedeihen, wenn sie ihre Wurzeln unter Steine schieben können. Sie wissen, was ihnen gut tut. Sie haben unendliche Erfahrungen mit der tiefen Erde, mit dem Mondlicht, das auf sie scheint, mit Luft und Sonne. Sie haben eine große Weisheit, so kann man es auch sehen.

Die heute übliche Behandlung mit wachstumsstauchenden Hormonen, die Aufzucht in künstlicher Erde für den schnellen Markt haben sie wirklich nicht verdient. Was denkt sich ein kleines, niedriges Asternpflänzchen (»ideal für Beeteinfassungen und Grabschmuck«), wenn es, nachdem ich es im Garten ausgesetzt habe, zwei Jahre braucht, um zu seiner normalen Größe von einem halben Meter zu gelangen? Am liebsten möchte ich mich bei ihm entschuldigen. Tut mir echt Leid, dass man so mit dir umgeht. Sehr geehrte, liebe Blume.

Kleingartenglück

Ich gucke gerne über die Zäune von anderen Gärten. Aha, hier haben sie eine Samthortensie in den Vorgarten gesetzt. Wissen offenbar nicht, dass Samthortensien die pralle Sonne nicht mögen. Natürlich behalte ich meine Ansichten für mich. Kann ja sein, dass gerade diese Samthortensien sich prächtig entwickeln. Und der Rhododendron da drüben: Die welken Blütenstände gehören ausgezwickt … Irgendwie tut es einem gut, zu beobachten, dass auch andere Leute mit den fälligen Arbeiten im Verzug sind.

Und ich sehe, wie schön alle Gärten ringsherum sind, schön auf ihre ganz eigene Weise. Da gibt es die korrekten, mit der Schnur angelegten Beete, in denen Salat und Rotkohl anfangen, Köpfchen zu bilden. Da gibt es die Wiese, die nie gemäht wird und in der so herrliche Blumen und Gräser blühen. Und gleich daneben den Garten mit makellosem, samtschimmerndem Rasen ohne ein einziges Gänseblümchen – sieht auch gut aus. Eine Hecke aus Feuerbohnen, praktische Idee. Die Hecke aus kunstvoll zu Türmchen und Kugeln geschnittenem Buchsbaum gefällt mir ebenfalls. Oder die wilden rosaroten Balsaminenstauden, die sich im nächsten Jahr – wetten? – über die ganze Gegend verbreiten werden. Und der Jägerzaun nebenan, hinter dem aufrecht wie Dragoner auf absolut unkrautfreier Erde eine Kompanie Zinnien steht … wirkt doch ganz witzig.

Am liebsten aber schaue ich vom Zugfenster meiner S-Bahn in eine Kleingartenanlage am Bahndamm. Kleine Vierecke mit kleinen selbst gebauten Häuschen darauf, über deren Eingang Schilder mit der Aufschrift »Schloss Sanssouci« hängen, oder »Villa Daheim«. Blumen sind darin, Rosen, Gemüse, eine Zeile mit blühenden Kartoffelpflanzen. Schmale Kieswege dazwischen. In kaum einem Gärtchen fehlt die versenkte Badewanne, in der sich Regenwasser sammelt. Über allem hängt wie eine zarte Duftwolke das Gefühl von Glück. Feierabendglück. Wochenendglück. Sonntagskuchen, Kaffeeduft aus der Thermoskanne …

Ich erinnere mich an meine Freundin Gerlinde, deren Eltern so einen Kleingarten gepachtet hatten. Sie selber fand den Aufenthalt dort nur erträglich, wenn ich sie begleitete. Ich war gern da. Es war die schlechte Zeit nach dem Krieg. Gerlindes Eltern hatten Erdbeeren satt, zarte süße Möhren und Kohlrabis, von denen ich was abbekam, wenn ich mich am Gießen und Unkrautjäten beteiligte. Auf der ganzen Welt gab es nichts Besseres.

Schrebergärten heißen die kleinen Gärtchen nach dem Leipziger Arzt und Orthopäden Daniel Gottlieb Moritz Schreber, der sich allerdings nicht um das Gartenhobby, sondern um die Leibeserziehung Jugendlicher bemüht hatte. Er wurde 1808 geboren und starb mit 53 Jahren, als ihm in einer Turnhalle eine Eisenleiter auf den Kopf fiel. Die Kleingartenbewegung erhielt seinen Namen aus Dank für sein hervorragendes turnerisches Wirken.

Ich hasse Turnhallen und ich liebe Schrebergärten, diese kleinbürgerlichen, malerischen Paradiese, die es gottlob immer noch gibt in unserer Computergesellschaft.

Anemonen – Fürs Winterherz

In der Schule saß ein Mädchen neben mir, das Anemone hieß. Anemone! Um ihren zarten graziösen blumigen Vornamen habe ich sie sehr beneidet, bis ich einmal hörte, wie ihre Mutter sie »Anni« rief. Eine Anemone ist keine Anni, eine Moni schon gleich gar nicht. Eine Anemone ist etwas Besonders. Ich weiß nicht, was aus meiner Banknachbarin geworden ist, aber ich denke oft an sie – jedes Frühjahr, wenn der Waldboden bedeckt ist von ihren schönen Namensschwestern.

Als wären Sterne vom Himmel gefallen, weiße kleine Sternchen, die bei Sonnenschein ihre goldenen Augen öffnen und an kalten grauen Tagen mit geschlossenen Blüten schlafen. Und bei jedem Windhauch ein bisschen zittern, als würden sie frieren – was sie ja wahrscheinlich auch tun. Aber dafür sind sie geboren, sonst würden sie in den nördlichen Gegenden der Welt nicht schon Ende Februar, oft zwischen noch nicht weggeschmolzenen Schneestrichen, mit einem frühlingshaften Lächeln unsere Winterherzen erwärmen.

Mit Rosen haben sie botanisch nichts zu tun, sie sind Hahnenfußgewächse, die aus kleinen Knöllchen sprießen, am liebsten aus kalkhaltiger feuchter Erde. Anemone nemorosa heißt die wilde Form, die ihren idealen Standort im Wald hat. Dort sehen sie die Sonne, fühlen den Wind (Wind heißt auf Griechisch Anemos), und wenn im Sommer die Waldbäume grün sind und dichte Schatten werfen, dann passt ihnen das auch. Im Sommer mögen sie es trocken, und vor allem wünschen sie, in Ruhe gelassen zu werden.

Das ist wahrscheinlich der Grund, warum es mir nie gelungen ist, Anemonen im Wald auszugraben und in meinen Garten zu setzen. Da geht's ihnen einfach zu lebhaft zu, der Rasenmäher dröhnt, die Jäteharke droht, andere Blumen machen sich aufdringlich an sie heran. Und falls ein Düngekörnchen sie trifft, ist es gleich ganz aus. Tschüs, sie verschwinden. Da auch Leberblümchen (Anemone hepatica) zur Anemonenfamilie gehören, gilt für sie das Gleiche. Sie unterscheiden sich nur durch ihre immergrünen, leberlappigen Blätter und ihr unwahrscheinlich leuchtendes Blau von den weißen Verwandten, nicht aber in der Empfindlichkeit

Vielleicht ist es ganz gut, dass man den begrenzten Gartenraum in geländegängigem Schuhwerk verlassen muss, um den Zauber dieser Frühlingsboten genießen zu können. Über dürres Laub gehen, sehen, riechen- auch mal ganz nett, dabei nicht an Gartenarbeit denken zu müssen. Natürlich gibt es in den Gartencentern längst viele Sorten Anemonen und Leberblümchen kulturgerecht zu kaufen. Aber irgendwie kommen sie nicht an die auf wildem Boden wachsenden Schönen heran. In meinem Gartenbuch steht, man soll einzelne Arten mit leichten Tannenzweigen vor der harten Kälte schützen ... Ach, das brauchen die im Wald alles nicht. Wenn es im März schneit, halten sie still und blühen einfach weiter, sobald die Sonne wieder scheint. Ich habe übrigens erfahren, dass ein Gärtner in Holstein jedes Frühjahr eine Leberblümchenschau für Liebhaber veranstaltet. Er hat eine ganz neue Rarität gezüchtet, ein Leberblümchen namens Hepatica Mezumi, das rosarot und gefüllt wie eine kleine Aster aussieht. 4000 Mark kostet so ein Pflänzchen. 4000 Mark! Dafür kann man sich ja fast einen Wald kaufen ...

Gänseblümchen – Reizendes Unkraut

Das so genannte Ausdauernde Gänseblümchen (Bellis perennis) ist eine der hübschesten wild wachsenden Blumen auf dem Feld und im Garten. Seine weißen Blütenköpfchen mit zartrosa Spitzen, die so aussehen, als schämten sie sich für irgendwas, erscheinen unermüdlich vom zeitigen Frühjahr bis in den Winter hinein und nach dem Verschwinden des Schnees gleich wieder. Vielleicht schämt sich das Gänseblümchen wirklich dafür, dass es dem Menschen so schrecklich unwillkommen ist. Sehr viele Gärtner bekämpfen es mit brutalen Mitteln, mit Gift und spitzen Messern, es ist ihnen ein Dorn im Auge, ein Schandfleck auf ihrem Rasen, ein lästiges Unkraut. Nach getanem Werk gehen sie ins Gartencenter und kaufen gezüchtete Gänseblümchen namens Maßliebchen oder Tausendschön, setzen sie in Balkonkästen und sind glücklich.

Der Mensch spinnt. Oder vielleicht nicht? Aber nun zum eigentlichen Thema dieser Kolumne: Gartendünger. Das Gänseblümchen steht hier nur, weil es sich gut fotografieren lässt und somit zur Illustration eignet, Dünger hingegen nicht. Dabei ist das Düngerthema momentan wahnsinnig wichtig, es brennt auf den Nägeln. Keine Gartenzeitschrift, keine Gartensendung, die es nicht behandelt: Was dürfen unsere Pflanzen essen? Ein Blick in mein Gartenhäuschen zeigt die Gefahren auf: Da stehen vom letzten Jahr noch angebrochene Säcke mit Blutmehl, Knochenmehl, Hornspänen. Die Gärtnerin macht die Augen zu und wendet sich ab wie vor der Wursttheke beim Metzger.

Welche Dünger sind unbedenklich? Natürlich wäre da in erster Linie der Mineraldünger – Blaukorn, das ich eigentlich schon lange nicht mehr verwende. Es galt ja bisher als total nicht-bio. Ferner werden pflanzliche Dünger wie Rizinus- oder Sesamschrot empfohlen. Muss ich so was im Reformhaus kaufen? Nein, gibt es mittlerweile auch in Gartenfachabteilungen, habe ich herausgefunden. Vor Knochen- und Blutmehl wird gewarnt. Hornspäne bedingt verwendbar nach bisherigen wissenschaftlichen Erkenntnissen. Rinderdung? Der schöne schwarze Mist, durchsetzt mit verrottetem Stroh, den ich bisher von einem der wenigen Bauern geliefert bekam, die in ihren Ställen noch Streu verwenden? Hm. Nicht völlig unumstritten.

Gründüngung wird angeraten, hauseigener Kompost, Guano (sehr teuer) und sonstige Geflügelkotprodukte. Pferdemist ist erlaubt, Brennnesseljauche auch. Manche handelsüblichen organischen Dünger sind inzwischen verboten, weil sie nachweislich Fleischmehl enthalten. Knochenmehl darf nur dann gegeben werden, wenn es drucksterilisiert wurde und auf 133 Grad erhitzt. Und von der EU offiziell als unbedenklich eingestuft ist.

Steht überall dran. Man braucht halt eine scharfe Brille beim Einkauf. Ach je. Ich sehe mich bereits in der Küche stehen und Truthahnschnitzel braten für die Rosen, Soja und Sesam schroten, Hafermüsli rühren fürs Gemüsebeet ... Aber auf die Wiese darf ich Blutmehl doch streuen, oder? Da fallen mir meine vielen Gänseblümchen ein, deren klein gehackte Blättchen ich im Frühling gern unter den Quark mische ... Was ist, wenn sie sich mit BSE anstecken? Elend zugrunde gehen? Nein, das darf ich ihnen nicht antun, meine Bellis perennis. Lieber fahre ich das Blutmehl zur Sondermüllsammelstelle.

Forsythia – Hart im Nehmen

»Ach, die unvermeidliche Forsythie«, sagte ein Besuch angesichts meines den Frühling erwartenden Gartens. Danach gab es zum Kaffee den unvermeidlichen Apfelkuchen und zuletzt die ebenso unvermeidlichen Worte: »Wir telefonieren!« Tschüs. Ich werde ihn ganz bestimmt nicht anrufen. Er hat meine Forsythie beleidigt. Mein Goldglöckchen, mein Blütenmeer am Gartenzaun. Gut, noch war es nicht so weit, noch blühte sie nicht. Aber man konnte schon die gelben Spitzchen sehen. Und dann so was! Als handle es sich um den langweiligsten, unoriginellsten Strauch, weil er in so vielen Gärten seine Pracht entfaltet und nicht den neuesten Trend verkörpert.

Der neueste Trend ist der ostasiatische Garten. Es gibt inzwischen Spezialisten, die einem eine fernöstliche Landschaft um die Terrasse herum anlegen, mit Steinlaternen, Teich, bestimmten Nadelgehölzen, Kieswegen und Rhododendren. Alles nach Feng-Shui-Regeln. So was hätte mein Besuch natürlich bewundert. Und dabei weiß er offenbar nicht mal, dass auch die Forsythie aus China und Japan stammt. Erst in der Mitte des 19. Jahrhunderts ist sie mit Weigelie und Spiraea zu uns gekommen.

Das schöne asiatische Kind. Inzwischen gehört sie zu unserem Frühling wie Schneeglöckchen und Krokus. Und es gehört auch dazu, dass es mindestens einmal in die gelben Blüten hineinschneit. Das macht der Forsythie nichts. Sie ist anspruchslos, hart im Nehmen, braucht keinen Winterschutz und – was sie besonders auszeichnet – wird kaum von Schädlingen befallen. Sie mag Sonne und auch lichten Schatten, nein, da mäkelt sie nicht lang rum. Sie blüht überall, und das hat ihr vielleicht den Ruf der Gewöhnlichkeit eingebracht.

Man soll sie nicht zu viel düngen, sonst bekommt sie mehr Blätter als Blütensterne. Die erscheinen übrigens nur an den Zweigen vom vergangenen Jahr, deshalb muss man beim Rückschnitt aufpassen, dass nicht die kommende Frühjahrspracht der Schere zum Opfer fällt. Eigentlich gibt es nur einen Nachteil, über den zu sprechen ist: Wenn sie verblüht, wenn die anderen Sträucher und Stauden mit ihren Farben prunken, dann hält sich die Forsythie sehr bescheiden zurück.

Sie wird einfach nur grün, in der Tat ein bisschen langweilig. Selbst im Herbst, im Feuerwerk der Blätter, macht sie nicht viel her. Irgendwie ähnelt sie einem Mädchen, das in der frühen Jugend seine ganze Schönheit verschwendet und sich dann in eine etwas reizlose Matrone verwandelt.

Was soll's. Ich kann mir mein Leben ohne das goldene Schaumgebirge einer Forsythie im März und April nicht vorstellen. Man kann bereits im Februar die noch kahlen Zweige abzwicken und in einer Vase ins Zimmer stellen. Aber das mache ich nur mit Zweigen, die ich beim Spazierengehen hinter fremden Gartenzäunen heimlich klaue. Meine eigenen Forsythie wird nicht abgezwickt. Meine gute alte unvermeidliche Geliebte. Auch wenn sie nicht Feng-Shui ist.

Sommer

Augustmond

Juli und August sind für den Gärtner und die Gärtnerin problematische Monate. Man muss verreisen, der Schulferien wegen. Ob man zu Oma und Opa fährt, das Schlauchboot im Anhänger nach Rimini zieht oder auf die Malediven fliegt – die Familie will weg. Überlegungen, wer den Phlox gießt und die Geranien, dass der Salat auswächst und die Tomaten entweder vertrocknen oder verfaulen finden die Kinder absolut überflüssig. Sie wollen Meer und Spaghetti, da kann nichts dagegen an. Wohl dem, der edle Nachbarn hat, die mit der Gießkanne einspringen.

Sind die Kinder endlich groß, verreisen Gärtner nicht mehr im Juli und August, den schönsten Monaten, in denen die Gartenarbeit so herrliche Blumen und Früchte trägt. Deswegen, glaube ich, haben Gärtner nichts gegen das Älterwerden. Endlich können sie die Blütezeit vom Phlox genießen, Zucchini ernten, an milden Abenden draußen sitzen, Pfirsichbowle trinken und zusehen, wie still der Mond am Himmel leuchtet. Grillen, nein, grillen tun die Jungen. Ich habe noch kein älteres Paar gesehen, das nur für sich Schweinswürste über der Holzkohle wendet.

Wenn es eine Zeit der Stille gibt, dann ist es eine Augustnacht. Der Himmel ist klar und schwarz, man muss eine Zeit lang hinaufschauen, dann sieht man sie: die Sternschnuppen. In 100 km Höhe verbrennen Materienstücke aus dem Weltraum. Sie bestehen aus Staub und verglühen in 2 bis 4 Sekunden. Silberne Striche, bei deren Anblick man sich was wünschen darf, aber der Wunsch darf nicht verraten werden. Ich sitze im dunkel verhüllten Garten, nur mit einem ganz, ganz kleinen Windlicht auf dem Tisch, was nicht blendet. »Und meine Seele breitet weit ihre Flügel aus«, dichtete Joseph von Eichendorff.

Das leise, schleifende Geräusch im Gras ist der Igel. Er strebt auf die ersten noch unreifen Äpfel zu, die unterm Baum liegen. Und in der Thujenhecke feiern die Glühwürmchen ihr Disco-Fest. Ihre Lichtlein gehen an-aus, an-aus. Sie heißen auch Johanniswürmchen, und als solche stehen sie im Register des Werks »Die Geheimnisse im Reich der Insekten«. Vom Johannitag an, dem Tag der

Sommersonnwende, bis Ende August leuchten und tanzen sie nachts. Am Tag schlafen sie. Es ist ihr Liebesspiel. Die Weibchen leuchten ein bisschen heller als die Männchen. Dafür haben die Männchen größere Flügel. Aber die Weibchen haben eingebaute Blinker am Hinterleib. Sie sind die Verführerinnen.

Die Leuchtsubstanz Luciferin ist 1961 von einem amerikanischen Biochemiker künstlich hergestellt worden. Sie gibt, lese ich nach, kaltes Licht und nützt die Energie sehr gut aus. Aber daran denke ich nicht, wenn ich ihrem kurzlebigen Gefunkel zuschaue. Ich spüre, wie mein Garten atmet, sein ganz eigenes Leben lebt in der Nacht, im Mondschein, im Sternenlicht, im Glühwürmchenfeuer. In der Kühle, in der Stille. Echt, ich bin froh, dass ich hier sitze und nicht fort sein muss. Zu alt für den Ballermann, Gott sei Dank.

Nackte Feinde

Welches Tier wären Sie gerne? Eine beliebte Frage aus der Psychokiste, nicht ganz einfach zu beantworten – außer, sie wird mir andersrum gestellt. Welches Tier möchten Sie auf keinen Fall sein? Da habe ich die Antwort blitzschnell auf der Zunge. Auf keinen Fall möchte ich eine Nacktschnecke in meinem Garten sein. Ich hasse Nacktschnecken und bekämpfe sie auf grausame Art und Weise. Nicht, weil ich mich vor ihnen ekle. Sie können ganz hübsch aussehen, wenn sie schokolandebraun oder rostrot wie stille Schiffe durchs Gras ziehen. Im Gras würden sie mich überhaupt nicht stören.

Aber sie benützen das Gras nur als Fortbewegungsunterlage. Ihr Ziel ist die Erde in meinen Beeten, aus der kleine arglose Pflanzen ragen, von mir gesät oder gekauft und voller Liebe eingesetzt. Salat zum Beispiel, Dahlien im Babyalter, junge Astern, zarte Bohnensprossen. All dieses lieben und fressen sie mit ihren zahnlosen Mündern, bis nur noch ein paar schleimüberzogene Stummelchen übrig sind.

Man soll, hat der britische Feldmarschall Montgomery gesagt, die Lebensweise und Eigenheiten seiner Feinde genau studieren. Nur so kann man sie besiegen. Danach habe ich mich gerichtet. Ich weiß, dass die Nacktschnecke tagsüber einen Zentimeter unter der Erdoberfläche schläft. Oder zwischen Blumenkistchen und Steinplatten auf der Terrasse. Gerne mit mehreren Artgenossen zusammen. Auf rätselhafte Weise bemerkt sie dort, dass die Sonne untergegangen ist. Zeit zum Aufbruch. Vielleicht ist es auch der Hunger, der sie weckt.

Ach, warum frisst sie kein Gras, keinen Klee? Die Frage des Rasenmähens wäre gelöst, Nacktschnecken würden vom Gärtner mit Begeisterung begrüßt. Mit ihrem Hang zur Kulturpflanzen sind sie selber schuld an ihrem leidvollen Schicksal, das sich jedem bei einem Blick in Gartenlektüre und in die Vernichtungsabteilung von Gartencentern offenbart.

Fangen wir bei den leidlich humanen Methoden an. Grabe einen Joghurtbecher randvoll gefüllt mit Bier (kein bitteres Pils) ins Beet. Sie mögen Bier, beeilen sich zur Tränke, fallen hinein und ersaufen. Immerhin, in ihrem Lieblingsstoff. In meinem Garten hat diese Methode nicht eingeschlagen. Kohlrabiblätter schmecken offenbar doch noch besser. Methode Nummer 2: warte, bis es dämmert, ziehe Gummihandschuhe an und sammle die Karawane der Schnecken ein. Edle Menschen tragen sie in den Wald, weniger edle schmeißen sie ins Klo oder die Mülltonne. Diese Methode hat einen Nachteil: Sie erfordert viel Zeit. Ein Theaterabend – schon ist der Erfolg dahin.

Methode Nr. 3: streu rattengiftblaues Schneckenkorn. Das verzehren die Gastropoden, wie sie auf Latein heißen, und dann lösen sie sich innerlich auf. Ihr Todeskampf ist an den verzweifelten Schleimserpentinen abzulesen. Er dauert tagelang. Neuerdings gibt es ein Mittel, dass die Schnecken veranlasst, sich in die Erde zu bohren und dort ganz unauffällig zu sterben. Methode Nr. 4: gehe mit der Schere durch den Garten und schneide die Kriechtiere mittendurch. Geht wenigstens schnell. Ähnelt aber Methode 2. Ein Bioratgeber empfiehlt, die zerschnitten Kadaver in ein Gefäß mit Wasser zu geben, dort verwesen zu lassen und die Jauche zur Abschreckung über Blumen und Gemüse zu gießen.

Etwas anderes gibt es nicht. Früher habe ich sehr gern Schnecken in Knoblauchbutter oder badisches Schneckensüpple gegessen. Seit ich einen Garten habe, seit etwas mehr als zwanzig Jahren, bring ich das nicht mehr runter. Ich hasse Schnecken.

Disteln – Eigensinnige Disteln

Ohne ein Buch zur Bestimmung von Wildblumen kommt der Hobbygärtner kaum aus. Noch besser sind mehrere Bücher. Schließlich will er wissen, was in seinem Garten gedeiht, ohne dass er es gesat hat. Ob sich da ein gefräßiges Unkraut einnistet oder ein harmloses Blümchen. Schlags nach: Es lohnt sich allein schon wegen der Namen, auf die er neben den Abbildungen stößt. Auf den Nickenden Zweizahn zum Beispiel, das Gemeine Ochsenauge, den Behaarten Kälberkropf. Als ich die leuchtend orangefarbig blühende Pflanze an der Terrassenmauer identifizierte, empfand ich es fast als Beleidigung, dass es das Gemeine Ferkelkraut ist.

Mitten in meinem Staudenbeet sprießt gut genährt und saftig etwas, dass nicht hingehört. Siehe da, es ist die Kohlgänsedistel. Ein Mitglied der kosmopolitischen Distelfamilie, die weltweit Äcker, Gärten, Ödland und Schuttplätze besiedelt. Eigentlich möchte ich sie ausreißen – aber kann ich das, nachdem ich gelesen habe, dass am Grund ihrer stachlig gezähnten Blätter zugespitzte vorgestreckte Öhrchen sitzen? Öhrchen! Wozu immer die Kohlgänsedistel mit Öhrchen ausgestattet ist – man darf sie nicht einfach kaputtmachen, obwohl sie in der Erscheinung ziemlich unattraktiv ist. Wer weiß, was sie tagein, tagaus mit ihren kleinen Öhrchen im Beet so alles hört und mitkriegt.

Ganz sicher ist die Ackerkratzdistel nicht so sensibel. Besonders, wenn es sich um die prächtige Gemeine Kratzdistel handelt. Sie steht als stolzer Solitär in meiner Wiese und wird vom Rasenmäher sorgfältig umfahren. Ihre großen dicken rotvioletten Blüten, ihre Blätter und Stängel sind über und über stachlig. Blütezeit von August bis Oktober, sie wird anderthalb Meter hoch und ist als »lästiges und zähes Unkraut« beschrieben. Ihre Wurzeln reichen zwei Meter tief ins Erdinnere, und ihre flockigen Samen segeln büschelweise über den Garten. Ich weiß nicht genau, wie Distelfinken aussehen, aber kleine Vögel picken häufig an den Blütenköpfen herum.

Alle Disteln sind schön, bizarr, herrisch. Keine schüchternen Pflänzchen, die sich irgendwo dazwischen wagen. Auch die aus dem Gartencenter, die gezähmten also, haben nichts Anschmiegsames. Ich habe mal eine blaue Kugeldistel gekauft, sie ist aufrecht und stachlig wie ihre wilden Schwestern. Ich wundere mich, wie die kleinen weichen Blattläuse es zustande bringen, in Heerscharen auf ihr zu siedeln. Das noch größere Wunder in dieser Hinsicht ist die Silberdistel. Ich kann sie nur mit Lederhandschuhen anfassen. Aber die Nacktschnecken bekriechen sie nach einer Regennacht ganz unbekümmert. Abgesehen davon habe ich mit Silberdisteln in einer steinigen Ecke bisher wenig Glück gehabt. Einen Sommer lang probieren sie es mit mir und meinem Garten, dann empfehlen sie sich. Wollen zurück ins Gebirge. Mögen mich nicht. Damit muss man sich abfinden, bei Disteln.

Ameisen – Krieg im Garten

Krieg im Garten. Während der letzten Hitzewelle wurde mein kleiner Garten von der roten Gartenameise überfallen. Zunächst hatte ich nur einige Einzelgänger zwischen Grashalmen und an den Rosenbüschen bemerkt. Aber dann, eines schönen Morgens, setzten sie plötzlich zum Großangriff auf das Haus an. In streng geradliniger Formation marschierten sie über die Terrasse bis zur Terrassentür und am Türrahmen hoch. Zu Tausenden, wie mir schien. Wahrscheinlich habe ich ihre Zahl sogar unterschätzt, denn ein einziges kleines Nest wird bereits von bis zu 15000 Tieren bewohnt, schreibt der Gartenjournalist Peter Omm.

So. Und was mach ich jetzt? In einem Gartenbuch steht unter dem Stichwort Wurzelschädlinge schlicht: gegen Ameisen E 605. Aber ich habe einen Hund. Wie kann ich E 605 im Garten aussetzen? Ich goss zunächst kochendes Wasser auf die Sturmspitze. Es dauerte nicht lang, bis sich die Angreifer neu ordneten. Unermesslicher Nachschub aus den Graskasernen hinter der Terrasse. Kochender Aufguss von Wermutblättern soll helfen. Oder ein Schwamm, mit Zuckerlösung getränkt, in den sich die Ameisen hineindrängen und dann ausgespült werden können. Wohin lege ich den Schwamm? Ins Gras? Auf die Steine? Ins Wohnzimmer?

Im »Almanach des Guten Gärtners« aus dem Jahr 1799 steht geschrieben, dass man im Wald große starke Waldameisen fangen soll und im Garten aussetzen. Zwischen ihnen und den kleinen Roten herrsche Blutsfeindschaft. Die Großen schlössen sich zu Trupps zusammen, griffen die Kleinen an und hörten erst mit dem Kämpfen auf, wenn alle vernichtet seien. Heißt es. Eine Art Nato-Eingreiftruppe, wenn der Vergleich erlaubt ist. Da hätte ich gern zugesehen. Aber als ich im Wald nach ihnen suchte, fand ich keine einzige große schwarze Waldameise, auch keinen Ameisenhaufen, von dem ich eine Schaufel nach Hause hätte mitnehmen können.

Es gibt wahnsinnig viele Ameisenarten, außer Haus-, Wald- und Gartenameisen auch noch Raub-, Jagd-, Ernte-, Honig- und Blattschneideameisen. Sie leben in Staaten und ernähren sich von Wurzeln, Blattteilchen, weichen Früchten und von den Ausscheidungen anderer Insekten, zum Beispiel der Blattläuse, die sie regelmäßig melken, wie wir unsere Kühe. Für den Gärtner ist ihr Nutzen gering, die Schäden, die sie anrichten, sind hingegen bedeutend. Und sie brennen. Jedenfalls meine Ameisen brennen teuflisch. Aus dieser scharfen Säure macht man zusammen mit Weingeist einen so genannten Ameisengeist, der gut gegen Rheuma sein soll.

Krieg also. Bei uns zu Hause hat mein Vater einmal Benzin zwischen die Terrassenplatten gegossen und angezündet. Das erwies sich als radikal, aber nicht besonders klug. Mit gewaltigem Krach sprangen die Steinplatten in die Höhe, türmten sich übereinander und zerbrachen. Die Ameisen allerdings, die waren weg. Aber das will ich doch lieber nicht nachmachen.

Liebe Leserinnen und Leser, ich kann diesen Bericht mit einer friedlichen Erfolgsmeldung beschließen. Ich habe vor die Terrassentüre ein viertelvolles Glas Honig ohne Deckel gestellt. Am nächsten Tag war das Glas bis zum Rand voll mit in die Falle gegangenen, total verpappten Ameisen. Nach zweimaliger Wiederholung zogen sich die feindlichen Truppen zurück. Vielleicht waren sie auch alle eines süßen Todes gestorben. Bis jetzt hat es keinen neuen Aufmarsch gegeben.

Ackerwinde – Die schöne Würgerin

Eigentlich bin ich ja der Auffassung, dass jedes Tier und auch jede Pflanze eine sinnvolle Rolle spielen im Schöpfungskreis der Natur. Reißt man Brennnesseln aus, vernichtet man die Babynahrung wunderschöner Schmetterlinge. Zertritt man Würmer, verkrustet die Erde. Jede totgeschlagene Biene vermindert die Befruchtungschancen für Blüten. Alles hängt irgendwie zusammen.

Außer der Nacktschnecke hat vor allem ein Klettergewächs dieser ökologischen Weltsicht einen schweren Stoß versetzt. Ich meine die Ackerwinde. Wozu sind Nacktschnecken gut? Wozu gibt es Winden? Sie zählen zu den gefürchtetsten und hartnäckigsten Acker- und Gartenunkräutern, weil sie sich nur äußerst schwer bekämpfen lassen, steht in meinem Naturführer.

Und sie gehören zu den hübschesten Wildblumen. Die Ackerwinde (Convolvulus arvensis) hat wunderschöne rosa-weiße Glockenblüten, die Zaunwinde (Calystegia sepium) etwas größere reinweiße Blütentrichter. Vorkommen: weltweit. Sie wachsen überall, wo sie einen Platz zum Ranken finden. Auch an ganz unansehnlichen staubtrockenen Stellen. Wie sie ihre langen Arme über den Boden, an Maschendrahtzäunen in die Höhe schicken, das sieht echt entzückend aus. Ich weiß noch, wie ich einen Nachbarn , der die zarten Schönheiten mit Gift übergoss, zur Rede stellte. Was für eine Barbarei! Bei mir durften die Winden wachsen, natürlich, bei mir darf alles wachsen, was schön aussieht.

Und sie sind gewachsen. Innerhalb weniger Monate haben sie von einem Teil meines Gartens Besitz ergriffen. In diesem Sommer haben sie eine Hecke aus Jasmin und Weigelien unter sich begraben. Sie klettern den Apfelbaum hoch, umhüllen meine Stauden im Beet. Was heißt umhüllen – sie erwürgen sie.

Ihre dünnen Stängel, an denen die reizenden Blüten erscheinen, können drei Meter hoch werden. Sie sind hart wie dünner Draht. Schwer zu entfernen, weil sie sich mit eiserner Kraft an ihren Opfern festhalten. Ich habe inzwischen die Erfahrung gemacht, dass man sie niemals von oben ablösen darf. Man muss ihre Drähte bis zum Erdaustrittspunkt verfolgen und tief unten ausreißen. Dann lassen sie mit einer merkwürdig kraftlosen Gebärde in ganzer Länge los. Als hätten sie begriffen, dass sie jetzt sterben.

Da tun sie mir auch wieder fast ein bisschen Leid. Aber keine Sorge, sie kommen ja wieder. Unverdrossen senden ihre zwei Meter tief im Boden verankerten Wurzeln neue Triebe nach oben. »Sie behaupten sich, auch wenn man sie immer wieder ausreißt. Auch Pflug, Hacke und Spaten kommen diesem attraktiven Unkraut nicht bei«, lese ich in dem Standardwerk »Wildblumen unserer Heimat«. Und kaum sind sie an der Luft, suchen sie mit kreisenden Bewegungen den nächsten Halt.

Einmal Winden, immer Winden. An drei mühevollen Nachmittagen habe ich sie jetzt aus Hecke, Obststräuchern und Staudenbeet gepflückt. Aber ich muss wachsam sein. Irgendwie bebt die Erde schon wieder unter dem Ansturm von unten. Lange, fast unzerreißbare Schnüre werden in Kürze wieder da sein. Ob es Sinn machen würde, sie als Schuhbändel zu verwenden?

Manchmal hat auch die leidenschaftliche Gärtnerin das Bedürfnis fremdzugehen. Ihr heimisches vertrautes Geviert zu verlassen und über Wiesen, auf Waldwegen zu spazieren, und »nichts zu suchen, das war mein Sinn«, dichtete Goethe. Der übrigens auch viel Zeit in seinem Garten an der Ilm verbrachte.

Ich suche nichts, aber ich finde bei solchen Gelegenheiten etwas – nämlich einen anderen Blickwinkel, was das Unkraut betrifft, das ich daheim so eifrig bekämpfe. Komisch, hier draußen in der Freiheit ist es doch eigentlich gar nicht hässlich. Nicht einmal die Brennnessel, die jetzt gerade das schnurartige Gehänge ihrer Blüten entfaltet, stört mich. Schön, die Blüten sind nicht bunt, sondern bloß grün, aber irgendwie sehen sie, wie sie so an der kantigen Stängeln aufgefädelt sind, apart aus. »Urtica dioica« steht in dem Bestimmungsbuch, das ich manchmal mitnehme. Die Brennnessel ist eine der am häufigsten verbreiteten Wildpflanzen, man kann Spinat und Tee daraus machen und außerdem leben einige besonders schöne Schmetterlinge von ihnen. Als Raupen. Pfui. Ich mag im Garten keine Raupenfarm, das dann doch nicht.

Es blüht die Lichtnelke in Rot, Weiß und Rosa. Das gelbe Johanniskraut, von dem gesagt wird, dass es wie alle Heilpflanzen an strahlengefährdeten Stellen wächst. Ich pflücke den Geißbart, den großen Wiesenknopf, die lila Skabiose. Den Wiesenbocksbart bewundere ich nur, ich weiß aus Erfahrung, dass er in einer Vase sofort das Strahlengesicht hängen lässt. Die blauen Wegwarte auch. Übrigens finde ich die, seit die Bauern vorigen Sommer den Weg in ihre Felder geteert haben, nicht mehr. Sie braucht trockenen Schotter. Wie der Blaue Natternkopf, der sich an einem kleinen Steinhang noch behauptet. Ich bringe es nicht übers Herz, ihn abzupflücken.

Das Gemeine Ferkelkraut kommt auch in meinem Garten am Zaun vor, und zwar in leuchtendem Orangerot. Normalerweise ist es gelb, vielleicht gibt es eine neue Art als Resultat eines Seitensprungs mit einem Klatschmohn? Auch Pflanzen haben ein Liebesleben, wenn man sie lässt, habe ich kürzlich gelesen. Sogar ein ziemlich liederliches. Meine liebste Wiesenblume, das Wiesenschaumkraut, habe ich in diesem Frühjahr kaum mehr gesehen. Vielleicht hat es zu viel geregnet.

Im Wald blüht die Tollkirsche mit großen rötlichweißen Glocken an üppigen Büschen. Tödlich giftig! Die Pfirsichblütige Glockenblume entdeckte ich, viel zu schön und zu selten zum Abreißen.

Verglichen mit einem frisch gepflückten Wiesenstrauß ist jedes Gebinde aus dem Blumenladen geradezu langweilig. Ich füge ein paar Himbeerranken hinzu, die gelben Köpfchen vom Wurmkraut und hätte gern auch noch ein bisschen Zittergras. Aber das Zittergras, die kleinen baumelnden Herzchen an filigranen Halmen, ist offenbar ausgestorben. Muss ich nach meinen jüngsten Exkursionen in der Wildnis leider bekannt geben.

Miss Clematis – Sie will alles

»Es gibt Mädchen, die so schön sind oder so klug oder klug und schön zugleich, dass den Männern der Puls schneller schlägt, das Herz aber in die Hose fällt. Es gibt Pflanzen, die Aufsehen erregen und die Verehrer doch zaudern lassen. Die Clematis ist solch ein seltsames Geschöpf«, schreibt der Gartenschriftsteller Johannes Roth.

Jetzt weiß ich wenigstens, warum ich um die Clematis einen scheuen Bogen mache, obwohl sie mir so sehr gefällt. Es geht ihr der Ruf voraus, ungeheuer kapriziös zu sein, und dass das nicht nur ein Ruf ist, habe ich selber ausprobiert. Ich habe eine lila Clematis ans Hauseck gepflanzt. Vier, fünf Blüten, ein paar Triebe, und dann war sie auf einmal weg. War einfach verschwunden, als wir vom Urlaub nach Hause kamen. Für eine rosarote Clematis (nächster Versuch) ließ ich ein Spaliergitter anfertigen. Diesmal an der Garagenwand. Sie hielt sich daran fest, und dann wurde sie plötzlich welk und starb. Starb mir unter den Fingern weg.

Es ist mir bisher nie gelungen zu ergründen, was eine Clematis eigentlich will. »Sie will«, sagte mir ein Gärtner, »alles.« Einen feuchten Schattenplatz für Ihre Füße. Viel Sonne für ihre wunderschönen Blumengesicher. Sie will Wasser und Kalk, etwas Dünger, aber nicht zu viel. Sie will einen Halt, aber sie will nicht zu nah an einer Mauer stehen. Sie schickt ihre Ranken gern an den Zweigen von Sträuchern hoch, aber fremde Wurzeln dürfen ihr unter der Erde nicht zu nahe kommen. Sie will weder hungern noch dursten, und sie liebt es, wenn der Mensch, der sie gepflanzt hat, sich mit ihr öfters unterhält. Sie will beschnitten werden, aber da hat jede Sorte ihre individuellen Eigenheiten – fragen Sie Ihren Arzt oder Apotheker oder ein kluges Gartenbuch.

Wenn Miss Clematis alles bekommt, was sie wünscht, ist sie eine der Allerschönsten überhaupt. Unerschöpflich in ihrer Blütenpracht, wunderbar in den Farben. Ich gehe inzwischen voller Hochachtung an Gärten vorbei, in denen sie erfolgreich gedeiht. Was für einfühlsame Leute müssen das sein, die hier wohnen. Und von ihrer Clematis akzeptiert werden.

Geduld. Die Hortensie, von deren Blühunwilligkeit ich im Frühjahr geschrieben habe, setzt schließlich in diesem Sommer auch Blüten an. Endlich. Man darf die Hoffnung nicht aufgeben. Im August/September ist die Zeit, eine Clematis zu setzen. Ich werde einen neuen Versuch starten. Darauf achten, dass der Platz an der Mauer vom Regen erreicht werden kann. Das Pflanzenloch tief genug graben. Etwas Kompost oder Lauberde hineingeben, sehr empfehlenswert ist auch eine Schaufel Mörtelschutt, habe ich mir sagen lassen. Da kann dann doch eigentlich nichts schief gehen.

Falls sie sich wirklich wohl fühlt, darf ich natürlich in der heißen Zeit nicht mehr verreisen. Sie muss regelmäßig gegossen werden. Und sie braucht ja offenbar auch ihre tägliche kleine Zwiesprache. Na ja, man wird älter. In Italien war ich schon ein paar Mal, in Griechenland auch, in Schweden noch nicht – aber was soll's. Bleib ich halt bei meiner Clematis.

Regen – Wenn Blätter weinen

»Regen: Niederschlag aus Wolken in flüssiger Form«, sagt mein Lexikon. »Seine Entstehung setzt Feuchtesättigung der Luft durch Abkühlung und Kondensationskerne für die Tropfenbildung (z. B. Staub) voraus, sowie bestimmte chemische und luftelektrische Bedingungen. Der Regen hat wirtschaftliche und kulturelle Bedeutung; nach der Temperatur ist er das wichtigste Element des Klimas.« Leichter anhaltender Regen wird Landregen genannt, starker ist Platzregen, ungewöhnlich starker ein Wolkenbruch.

Regen ist nass. Die Gärtnerin steht am Fenster und schaut in ihren Garten hinaus. Landregen, gelegentlich von Platzregen unterbrochen. Seit achtundvierzig Stunden. Die Regentonne neben dem Holunderbusch läuft längst über. Die Pfingstrosen sehen verweint aus. Und die Gärtnerin? Macht die Terrassentür weit auf und atmet durch. Was für eine wunderbare Luft! Wie grün alles ist! Grün und glänzend, an jedem Zweig und Grashalm hängen Tropfen. Wenn sie herunterfallen, wispern und flüstern sie. Alles rauscht und macht zarte Töne.

In der Stadt gibt es Pfützen, Dreck und missgelaunte Menschen. In der Stadt ist der Regen trostlos, man bekommt nasse Füße und Schnupfen. Wir hier im Garten, meine Blumen und ich, freuen uns über den Segen von oben. Natürlich habe ich die richtigen Schuhe an, Gummistiefel. Und die richtige Kopfbedeckung auf, eine Plastikhaube. Meine wasserdichte Jacke ist nicht von Armani. Aber ich will ja auch gar nicht bewundert werden. Gärtnerinnen sind nicht eitel, außer was ihre Pflanzen betrifft.
Die sollen schön sein, die sollen gedeihen. Dazu brauchen sie den Regen. »Das Regenwasser enthält Ammoniak, Salpeter, salpetrige Säuren, Chlor, Jod, Magnesium«, erklärt mir das Lexikon. So ein paar Regentage sind für den Garten eine Kur. Da ruht er sich aus, ernährt sich gesund, schöpft neue Kraft.

Nur die Schnecken ruhen sich nicht aus. Sie lassen alle Vorsicht fahren, wagen sich auch am hellen Tag aus ihren Verstecken hervor, kriechen über die nasse Wiese in Richtung meiner kleinen Astern.

Da sie weithin sichtbar sind, kann man sie leicht einsammeln und – (nein, ich schreibe jetzt nicht: in die Tonne werfen). Zur Beruhigung der Tierfreunde: Ich trage sie in einem Körbchen hinaus in Wald und Flur, wo es ja auch regnet und sie ihr Auskommen finden.

Allerdings: Einen Wolkenbruch mögen wir nicht. So ein richtiger Wolkenbruch kann die Geranien ganz schön niederdengeln. Meine Nachbarin zur linken Seite hat eine Art Regenzelt gebastelt, welche sie über ihre Geranientöpfe stülpt. Auf den ersten Blick recht sinnvoll. Aber dann vergisst sie es, wenn die Sonne wieder scheint, und die armen Geranien schmachten. Wie, das kann nur jemand nachfühlen, der mal in einem Plastikzelt auf dem Campingplatz übernachtet hat. Nein, lieber doch keine solche Haube.

Die Sonne strahlt ja irgendwann wieder, es regnet nicht ewig. Nie regnet es ewig, auch wenn es denen in der Stadt manchmal so vorkommt.

Steingarten – Das Hungerbeet

Abmagern ist ein hässliches Wort. Die meisten Menschen kennen es nur zu gut. Der Doktor klopft auf den Körperteil, den wir für unsere Taille halten und sagt: »Da muss was weg!« Dass auch Gartenfachleute so was sagen, war mir neu. Ich hatte mich in der Abteilung »Steingarten« eines Gartencenters erkundigt, woran es liegen könnte, dass bei mir die Steingartenpflänzchen entweder groß und buschig werden oder ganz verschwinden. Meine Sonnenröschen, Steinnelken, silberblättrigen Winzlinge, mein zarter rosaroter Mohn, ja sogar das als unsterblich geltende Sempervivum.

Der Mann vom Fach vermutete: »Zu fett.« Auf meinen betroffenen Blick hin ergänzte er: »Ihre Erde ist zu fett.« Meine Erde müsse abmagern an der Stelle, an der ich einen Steingarten haben wolle. Wie magert man Erde ab? Ganz einfach. Man vermischt sie mit Sand und Kies. Man gießt nicht. Und selbstverständlich düngt oder mulcht man auch nicht. Nichts zu essen, nichts zu trinken, oder fast nichts. Das alte Rezept.

Für meinen Steingarten ist ein kleiner sonniger Abschnitt vorgesehen, ein Hügelchen, auf dem ich selber gesammelte Flusskiesel und andere Fundsteine ausgelegt habe. Die räume ich zur Seite und arbeite Diätkies und Magersand in die dunkle Erdkrume ein. Warm soll sich das Gemisch anfühlen, warm und trocken, karg und bröselig. Man kann von vornherein Pflanzlöcher einplanen. In das Loch für den Seidelbast gehört außer Sand auch noch etwas trockenes Laub und ein bisschen Torf.

Ja, und dann ist die Auswahl groß. Das schon im April gelb blühende Hungerblümchen zum Beispiel, Schleierkraut, niedere Strohblumen, Sandkraut, weiß, von April bis Juli blühend, Stachelnüsschen, karminrot, Enzian, Steinbrech, der nicht mal zwei Zentimeter hoch wird, Thymian, Nachtkerzen. Fetthenne – halt, wieso Fetthenne? Heißt bloß so, man kann sie auch auf Lateinisch passender Sedum nennen. Erika, für die man eigens ein Schaf halten müsste, das sie regelmäßig abfrisst. Es gäbe, hat mir mal jemand erzählt, keine Lüneburger Heide ohne weidende Schafherden. Deswegen also sind meine Erikas so sparrig und weitläufig geworden und immer spärlicher. Sie mögen übrigens etwas kalorienarmen Torf an den Wurzeln.

Und alle, alle mögen sie viel Sonne. Schattenlose Sonne. Ein Steingarten heißt auch »Alpinum« und soll an Berghänge erinnern, wo keine Bäume mehr wachsen und das Licht verdrängen. Warum also nicht auch Edelweiß hineinsetzen? Obwohl die nie so schön samtig und weiß werden wie hoch oben im Felsen.

Am Ende der Pflanzaktion verteilen wir wieder die Steine auf dem Hügelchen. Wenn wir dabei ins Schwitzen kommen, dürfen wir uns vorstellen, dass auch unser Fettgewebe abgemagert ist. Ein bisschen. Falls wir uns anschließend kein kühles Bierchen oder Cola genehmigen. Den ganzen Sommer über wird unser genügsames Hungerbeet blühen, immer irgendwas, hübsch niedrig, winterhart, intensiv in den Farben. Zur Freude der dicken Gärtnerin.

Zinnien

Früher habe ich sie ausgesät. Inzwischen ist mir das zu mühsam, denn Zinnien sind vor allem im Babyalter sehr empfindlich. Sie sehen aus wie derbe Bauernblumen, aber sie haben das Wesen von Prinzessinnen auf der Erbse. Sät man sie zu nah aufeinander und vergisst, sie rechtzeitig auszulichten, fallen die Sämlinge um. Regnet es etwas zu viel, mögen sie nicht wachsen, sondern fallen auch um. Nach einer kalten Mai- oder Juninacht (frostfrei, aber halt nicht mild genug) kriegen sie Pilze an Blättern und Stängeln und knicken ein. Von Schnecken will ich gar nicht reden – von denen werden sie geradezu leidenschaftlich gefressen.

Also am besten überhaupt keine Zinnien – wenn da nicht dieser Sommer vor drei oder vier Jahren gewesen wäre, an dem die Zinnien in unerschöpflicher Pracht geblüht haben. Eine südliche Farbenorgie: gelb, weiß, rosa, lila, blutrot, rostrot, günlichweiß. Wer sich an einen solchen Sommer erinnert, pflanzt sie immer wieder, die stämmigen, ein bisschen pelzigen Setzlinge aus der Gärtnerei. Säen mag ich sie nicht mehr, aus den Windeln müssen sie schon sein.

Der größte Fehler, den man an ihnen begehen kann, ist, sie an den selben Platz wie im Vorjahr zu setzen. Nein, auf ein abgegessenes Beet will sie kein zweites Mal, sie doch nicht! Vier Sommer müssen leicht dazwischen liegen, ehe sie dort wieder gedeiht. Das musste selbst die geniale Gärtnerin und Schriftstellerin Vita Sackville-West, Herrin der Gärten von Sissinghurst in Südengland, nach einer Kette von Enttäuschungen erkennen. Erst als sie die erforderliche Pause bewilligte, erst als sie begriff, dass eine Zinnie 30 cm Abstand vom nächsten Nachbarn verlangt, erst als sie beim Gießen äußerste Vorsicht walten ließ, bekam sie, was sie wollte: das unvergleichliche sonnige Leuchten von Zinnien, von Juni bis September.

»Weshalb«, fragt sie in einem ihrer Bücher, »sollen wir uns eigentlich all diese Mühe mit einer Blume machen, von der wir doch wissen, dass sie dem ersten Herbstfrost zum Opfer fällt?« Ja, warum? Weil Gärtner unheilbare Optimisten sind und sich mehr als vernünftige andere Menschen über Farben, Düfte und das Lächeln von Blüten, die Geheimnisse noch geschlossener Knospen freuen können.

Zinnien sind mexikanischer Abstammung. Angesichts ihres strammen Wuchses und ihrer etwas steifen Haltung dachte ich immer, der Name sei irgendwie von Zinnsoldaten inspiriert. Aber nein, die Zinnie (Zinnia) ist laut Lexikon nach dem deutschen Botaniker J. G. Zinn benannt, der sie 1785 – vier Jahre vor seinem Tod – auf beschwerlichem Weg nach Europa brachte. Gott hab ihn selig.

Zucchini – Zucchini-Schwemme

Als ich vor Jahren meinen Garten anlegte, plante ich auch ein Gemüsebeet, schön rechteckig, Trittplatten rechts und links, besonders sorgfältig zerkrümelte Erde. Gemüse aus dem eigenen Beet war ich mir als Gärtnerin natürlich schuldig. Es zeigte sich, dass ich damit eine Heimat für Schnecken, Drahtwürmer, Erdflöhe, usw. schuf. Mein Salat wurde im Frühstadium gefressen, meine Radieschen waren von Wurmgängen miniert, mein Blaukraut hatte Läuse, und sogar der Rosenkohl war irgendwie angelöchert. Nein, ich hatte kein Glück als Nutzgärtnerin.

Außer mit Zucchini. Seltsamerweise wachsen die, obwohl sie doch aus dem sonnenbestrahlten Mittelmeergebiet stammen, üppig über die Trittplatten hinaus, blühen schön gelb, bekommen hübsche glänzende grüne Walzen. Anfangs hatte ich kurz Angst, die weiße Marmorierung der Blätter könnte Mehltau sein – aber das silbrige Muster war nichts weiter als normales Deko der wirklich ausgesprochen hübschen Pflanze.

Inzwischen mag ich Zucchini nicht mehr so wahnsinnig gern. Das liegt daran, dass auch alle meine Nachbarn die Gedeihfreudigkeit der Cucurbita pepo entdeckt haben. Und weil niemand so viele Zucchini essen kann, wie drei oder vier Pflanzen in einem Sommer hervorbringen, kriege ich zu meiner eigenen Ernte freundlicherweise noch die überzähligen Zucchini meiner Nachbarn geschenkt. Jeden Morgen – nicht übertrieben: jeden Morgen - finde ich auf meiner Gartenmauer einen frisch gepflückten Zucchino. An der Farbe kann ich erkennen, wer ihn gespendet hat: grünweiß gestreift kommt von links, dunkelgrün von schräg gegenüber, dottergelb vom Ende der Straße.

Natürlich bedanke ich mich strahlend. Und stehe dann in meiner Küche – umgeben von Zucchini. Wir essen davon, so viel wir können. Das Gemüse ist ein Freund der Zellen und des Darms, wirkt entwässernd und entsäuernd, erhöht Gehirnleistung und Konzentrationsfähigkeit, macht schlank und stärkt das Immunsystem. Entnehme ich einem Standardwerk »Gemüse als Medizin«. Außerdem enthält so ein Zucchino Vitamin E und richtig viel Magnesium.

Salat mit einer Vinaigrette von Zwiebeln, Essig und Öl. Gedünstet, gefüllt, gebraten. Frittiert mit einem Dip aus Joghurt, Gurke und Knoblauch. Als Suppe. Als Torte unter einer Haube von Ei, Sahne und Käse. Unermüdlich produzierten alle Gärtner bis zum ersten Frost die fleischigen Beerenfrüchte, wie sie botanisch eingestuft werden.

Man muss sie, verriet mir der Nachbar vom Ende der Straße mit den gelben Zucchini der Sorte »Sperlings Goldfieber«, regelmäßig mit Schachtelhalmbrühe gießen, die Blätter richtig einsprühen damit. Dann kriegen sie nicht die Welke, und die Schnecken gehen auch nicht dran. Komischerweise bei mir auch nicht. Schnecken schwärmen offenbar nicht für so was Gesundes. Ach, und schon wieder habe ich ein schlechtes Gewissen. Sind so brav, geben sich solche Mühe in meinem Garten und den nachbarlichen Gärten. Heute Mittag dünste ich sie mit Lauchzwiebeln. Mal was anderes …

Rose gesucht

Die erste Pflanze, die ich in meinen noch ganz leeren Garten setzte, war eine Rose. Eine Freundin hatte sie mir zur Hauseinweihung geschenkt: ein unscheinbares dürres Gewächs mit langen, in Plastikfolie gewickelten Wurzeln. Ich pflanzte sie mitten ins kahle Gelände, wo gerade das frisch angesäte Gras zu sprießen begann.

Das war keine gärtnerische Glanzleistung – nur zu entschuldigen durch die Tatsache, dass ich mich weder mit Gärten noch mit Rosen auskannte. Eine Rose ist keine Wiesenblume, die zu Löwenzahn oder Gänseblümchen passt. Aber da war sie nun, bekam Blättchen und Knospen und blühte bereits im ersten Sommer. Ich steuerte den Rasenmäher um sie herum und nahm mir vor, sie im Herbst zu versetzen, vielleicht vor das Grün der neuen Thujenhecke.

Es kam nicht dazu, denn sie mochte ihren Standort ganz offensichtlich. Es sah fast so aus, als dehnte und streckte sie sich vor Behagen neben Gänseblümchen und Löwenzahn. Im zweiten Jahr konnte man ihre Blüten nicht mehr zählen. Und in jedem Sommer sind es seither mehr geworden.

Sie blüht im Juni und Juli. Dann zieht sie sich sozusagen von der Bühne zurück. Sie ist keine Dauerblüherin, die sich bis zum ersten Frost verschwendet. Sie macht sich lieber rar. Sie will auffallen, den Betrachter durch ihre Vergänglichkeit zu besonderer Aufmerksamkeit verführen. Ihre Blüten sind brennend rot und duften so stark, dass die Bienen und Hummeln von weit her angeflogen kommen. Sie ist die Königin.

Rosen, steht in vielen Gartenbüchern, sind heikle Geschöpfe, empfindlich gegen Nässe und Wind, bedroht von Krankheiten und Schädlingen. Ein Rosengärtner hat stets einige Spraydosen zur Hand, mit denen er seine Lieblinge verteidigt. Ich brauche so was nicht. Meine Rose war in den achtzehn Jahren bei mir noch nie krank. Sie kennt weder Sternrußtau noch den gefürchteten Echten Mehltau. Sie lässt sich nicht von der bösen Rosenblattrollwespe als Eiablage missbrauchen und sogar die Blattläuse schüttelt sie selber ab. Keine Ahnung, wie sie das macht. Es sind so ihre Geheimnisse.

Das Geheimnis ihrer Herkunft wird im Moment gerade wissenschaftlich gelüftet. Britische Genforscher haben entdeckt, dass die Rose eine nahe Verwandte der Brennnessel ist, also von eher proletarischer Abstammung. Das würde die Zähigkeit erklären, mit der sie die Zeiträume ihrer langen Geschichte durchlebt hat. Aus fossilen Funden wird geschlossen, dass die erste Heckenrose, aus der sich alle anderen Rosen entwickelt haben, in Alaska wuchs – vor 25 Millionen Jahren, als dort das Klima noch subtropisch war.

Niemand kann mehr zählen, wie viele verschiedene Rosensorten es heute gibt. Und das ist mein Problem. Ich weiß nämlich nicht, wie meine Rose heißt. Sie ist jetzt eine alte Dame, ich muss damit rechnen, dass ein starker Frost sie dahinrafft. Und dann? Ich habe Bücher durchsucht, Zuchtverzeichnisse, ich war in Gartencentern und Rosenzüchtereien.

Heißt sie vielleicht »Feuerwerk«? »Bonanza«? »Bischofsstadt Paderborn« oder »Herzblut«? Allgemeines Rätselraten, auch bei den Fachleuten. Einer meinte, aufgrund von mitgebrachten Blüten, dass es sich vielleicht um die Sorte »Mannheim« handelt. Ach, ich habe eine Mannheimerin gepflanzt und sie hat auch geblüht, aber kein Vergleich zum Glanz meiner Rose.

Nie mehr, schwant mir, werde ich eine wie sie besitzen. Falls es nicht irgendwo einen Suchdienst für Rosen gibt, der mich aus der Ungewissheit erlösen kann.

Das Rasengeheimnis

Jeder Mensch, der das Glück hat, einen Garten zu besitzen, erstrebt als Allerererstes einen schönen englischen Rasen. Bevor er irgendetwas anderes anpflanzt, sät er kleine längliche bleiche Samenkörner der Marke »Park-Schmuck« auf seine paar frisch planierten Quadratmeterchen.

Rasen keimt schnell. Erfreut Herz und Auge mit zarten, makellosen Spitzen. Bis zwischendrin etwas Rundes erscheint. Ampfer. Etwas Breites. Wegerich. Ein Gänseblümchen gesellt sich dazu. Die Lanzette des Löwenzahns. So was fliegt einfach unerlaubt über den Zaun. Man bindet sich zwei Küchenbretter unter die Sohlen (eine empfehlenswerte Konstruktion, damit das Gewicht sich verteilen und keine Drucklöcher entstehen), betritt das empfindliche Areal und zieht die Störenfriede samt Wurzel heraus. Dabei schwant einem bereits, dass das Ziel eines englischen Rasens nicht so ohne weiteres zu erreichen sein wird.

Obwohl die Engländer behaupten, es sei ganz leicht. Alle zwei Tage mähen, und das 600 Jahre lang. Es ist übrigens interessant zu wissen, dass es vor diesen 600 Jahren in England keinen Rasen gab. Shakespeare kannte ihn noch nicht. Zu seiner Zeit waren die Parkflächen von Kamillen bedeckt.

Natürlich haben wir bei unserer Anlage nicht mit Geld gespart. Bloß keine billige Allerweltsrasenmischung, sagen sie im Gartencenter, das wird nie was. Wir haben Torf gekauft und Sand. Zentnerweise. Wir haben einen Rasenmäher angeschafft, motorbetrieben allerdings, obwohl ein englisches Fachbuch zum handgetriebenen Spindelmäher rät. Wir haben einen Vertikutierer und einen Rasenlüfter erstanden, wobei es sich um Instrumente handelt, die an mittelalterliche Folterwerkzeuge wie den Morgenstern und die Eiserne Jungfrau erinnern. Mag der Rasen das? Und wie!, wird uns versichert. Im Frühling lüften und vertikutieren, im Herbst vertikutieren und lüften, das liebt er. Und Vogeldünger. Oder gut verrotteten Stallmist. Aber nur gut verrotteten, der nicht mehr stinkt.

In unserer Nähe lädt der Tierpark hinter einer Kiesgrube seinen Elefantenmist ab. Berge von Mist, der fett und gesund aussieht.

Dorthin habe ich mich einmal heimlich begeben, um zwei Eimer voll zu mausen. Natürlich muss so was Kostbares mit den Händen ganz gleichmäßig verteilt werden. Gestunken hat es schon.

Gespannt wartete ich aufs nächste Frühjahr. Falls das Gras besonders gut käme, ließe sich die Sache ja vielleicht unternehmerisch auswerten. Na ja, es kam. Geradezu strotzend jedoch wuchs der Löwenzahn. Kann es sein, dass es einen Zusammenhang gibt zwischen Elefantengehege und Löwengelände gleich daneben? Die Frage steht im Raum. Ich persönlich habe mich wieder den Bio-Mineraldüngern zugewandt, die in der Werbung einen englischen Rasen, den »edlen Teppich in Ihrem Garten« versprechen. Hundertprozentig.

Grasmilben

Diesen Text tippe ich mit einer Hand. Mit der anderen Hand kratze ich mich, am ganzen Körper, überall, insbesondere an den Beinen und in den Kniekehlen. Nein, ich habe keine Flöhe, sondern den Beiß. Das ist keine Krankheit, sondern eine Belästigung, gegen die man sich nicht wehren kann, wenn man einen Garten hat. Sie beginnt im August und endet mit den ersten Oktobernebeln.

Der Beiß wird hervorgerufen von so genannten Grasmilben, winzig-winzigen Tierchen, die noch kein Mensch ohne Mikroskop gesehen hat – so klein sind sie. In einer Gartenzeitschrift habe ich gelesen, dass sie kleiner als einen halben Millimeter und rot sind. Sie gehören zur artenreichen Familie der Spinnentierchen, ihre nahen Verwandten sind die Zecken, was ja schon alles sagt.

Warum sie ausgerechnet im August und September einen so großen Hunger entwickeln, dass sie auch Menschen fressen, ist ein Geheimnis. Eigentlich schmarotzen sie an Heuschrecken, Schmetterlingen und sonstigen Insekten, manche befallen sogar Bienen. Aber frisches Blut schmeckt offenbar am besten.

Sie sitzen im Gras und warten. Und da erscheine ich mit der Mähmaschine, schneide meine Wiese schön kurz und denke an nichts Böses. Das Böse kommt ein paar Stunden später abends vor dem Fernseher. Kratz – kratz. Es juckt. Kratz – kratz – kratz. Man hat Glück, wenn man nicht beim Abendessen in einem besseren Lokal sitzt mit Menschen, die keinen Garten haben und infolgedessen auch keine Milbenstiche. Man muss aufs Klo gehen zum Kratzen. Ist dir nicht gut?, fragen die anderen. Doch, doch, alles im grünen Bereich …

Spinnentiere. Man sollte in der Stadt leben, wo es keine solchen Tiere gibt. Allerdings genügt ein schöner Spaziergang durch Wald und Auen, ein Lager am Rand eines Badesees – schon juckt es, auch wenn man nicht mäht oder Unkraut zupft. Die Natur ist grausam.

Es gibt kein Mittel gegen den Beiß. Man soll sich beim Aufenthalt im Garten fest und warm anziehen, anschließend baden und alle Kleider verbrennen – nein, das ist ein bisschen übertrieben. Es genügt, alles zu waschen. Zu meiner Beunruhigung hat mir jemand erzählt, dass die Mini-Bestien auch an Hauswänden hochklettern können und ins Schlafzimmer kommen. Dagegen hilft allenfalls ein Fliegengitter am Fenster.

Gottlob ist die Plage gewöhnlich mit den ersten Oktobernebeln wieder vorbei. Dann wird das Leben im Freien nur noch von den letzten Wespen erschwert. Die sind besonders zudringlich, weil sie ahnen, dass sie bald sterben müssen. Also halten sie sich an ihrem Lebensabend an unseren Zwetschgenkuchen, den wir auf der Terrasse servieren, weil unser Kaffeebesuch aus der Stadt so gern endlich mal draußen sitzt. Nun ja, Wespen stechen angeblich nur, wenn sie sich bedroht fühlen. Und im Gegensatz zu Milben sieht man sie wenigstens.

Die Farbe Weiß

Wir Gärtner sind Tagmenschen. Wir lieben Farben. Weiße, blaue, rote Petunien – ach, Weiß ist so langweilig. Am hellen Tag stehen wir im Gartencenter und lassen uns pflanzlich inspirieren. Weiß ist der Schnee, und den haben wir gründlich satt. Wenn wir vor der Frage stehen, was wir in diesem Jahr in den Garten und in die leeren Blumenkübel setzen wollen, hat der Sommer seine Pracht noch nicht entfaltet. Auf der Wiese spitzen ein paar Schneeglöckchen hervor, verfroren und weiß – nein, nein, bunt soll's werden, gelb, orange, feurigrot. Unser Garten soll leuchten.

Das tut er ja auch, tagsüber. Er blüht fleißig und macht uns Freude, tagsüber. Aber dann kommen die berühmten Sommerabende, für die man die Gartenstühle frisch gestrichen und lauschige Windlichter gekauft hat. Draußen sitzen, ein Glas Wein trinken, zuschauen, wie die Glühwürmchen in den Büschen herumfunkeln. Das Glück genießen, dass man einen Garten hat.

Vielleicht tut das der richtige passionierte Gärtner gar nicht. Aus dem einfachen Grund, weil er, wenn es Abend wird, müde ist vom Mähen, Gießen, Hochbinden, Abzupfen, Unkraut rupfen. Vielleicht geht er, wie der brave Bauer, mit der sinkenden Sonne ins Bett. Blickt im Abendlich noch einmal stolz auf sein Paradies.

Und kriegt so gar nicht mit, wie sich der Garten verändert. Die Dunkelheit frisst ihn auf. All die schönen Farben verschwinden. Nachts sind die Katzen grau, und die Rosen, die Hortensien, die Feuersalvien auch. Sogar Goldlack und Sonnenblumen verlieren ihren Glanz. Nur das Weiße strahlt geheimnisvoll und magisch. Margariten, weiße Astilben, blühende Zweige des Jasminbuschs werden zu Mondsilber. Sternentupfern in der nächtlichen Welt.

Warum haben wir so wenig Weiß gepflanzt? Gottlob sind wenigstens die Levkojen weiß, weil sie in Pink und Violett schon ausverkauft waren. Es fällt uns übrigens erst jetzt, in der Nacht auf, wie süß Levkojen duften. Darauf achten wir am hellen Tag nicht so. Weiße Blüten duften besonders stark. Dafür gibt es sogar eine biologische Erklärung: Sie können Insekten nicht mit Farbe anlocken. Also geben sie sich besonders Mühe, ihre Bestäuber durch Wohlgeruch zu betören. Allerdings muss ich jetzt auch eine nicht-weiße Blume erwähnen, den Heliotrop. Nachtviolett und nach Sonnenuntergang total unsichtbar – aber er riecht so wunderbar. Und es gibt ihn nicht in Weiß.

Gut, Heliotrop lasse ich gelten. Und natürlich reiße ich meinen roten Rosenbusch nicht aus und auch nicht die Hortensien, die nach Jahren des Wartens endlich so morbid blasslila blühen, als seien sie schon zu Lebzeiten getrocknet. Aber ansonsten wird weiß die Farbe meines nächsten Sommers. Das ist ja das Schöne – wir Gärtner können unser kleines Paradies ständig vervollkommnen. Das Dumme ist nur, dass dazwischen wieder ein Winter liegt, farblos und öd. Hoffentlich denke ich dran, wenn ich wieder im Gartencenter bin: Weiß. Ganz viel Weiß, bitte.

Hibiskus – Der gestohlene Gaul

Meine Großmutter war eine Diebin. Da sie schon lange gestorben ist, darf ich es so hinschreiben. Sie stahl Pflanzen. Von jedem Spaziergang brachte sie geklaute Ableger nach Hause. Einmal mussten wir sie in der Verwaltung des Botanischen Gartens abholen, weil sie im Kakteengewächshaus von der berühmten »Königin der Nacht« einen Trieb abgezwickt hatte. Sie bekam Hausverbot, aber sie entschuldigte sich nicht. »Der liebe Gott hat's für alle wachsen lassen«, war ihr Grundsatz. Ich glaube, in ihrem ganzen Leben hat sie nie eine Pflanze gekauft.

Ganz so skrupellos bin ich nicht. Aber ich muss gestehen, dass ich auch eine vererbte Schwäche für Schönheiten in fremden Gärten habe. Und so beginnt auch die fast 20-jährige Geschichte des blaublühenden Hibiskusstrauches hinter meinem Haus mit einem Diebstahl. (Inzwischen verjährt, hoffe ich doch.)

In einem Dorf im schweizerischen Kanton Nidwalden stand der über und über blau leuchtende Busch neben dem Rathausbrunnen. Vier Tage lang bewunderte ich ihn. Dann kaufte ich ein Schäufelchen und grub einen kleinen, aber voll entwickelten Abkömmling zu seinen Füßen aus. Mit allen Wurzeln und ziemlich viel sandiger Erde. In nasses Zeitungspapier gewickelt überstand er den Transport im Koffer.

Bisher hatte ich nicht viel Erfolg gehabt mit Hibiskus. Auf dem Fensterbrett warf er seine Blüten ab, in den Garten gesetzt erfror er im Winter. Auf den Nidwaldener Hibiskus setzte ich größere Hoffnung. Sein Heimatdorf lag 1200 m hoch, er war also wohl für herberes Klima geeignet. Er wuchs auch tatsächlich an, beschützt durch einen Stock mit einer blauen Rosenkugel oben drauf. Ich hatte ihn zur Kennzeichnung neben ihn gesteckt, damit er nicht aus versehen für Unkraut gehalten und ausgerissen wurde. Die Kugel bewacht ihn heute immer noch – nur ist der Strauch inzwischen viermal so hoch.

In den ersten drei Jahren kriegte der Hibiskus Blätter und sonst nichts. Ich las in einer Gartenzeitung, dass Hibiskusse zweihäusig seien und nur paarweise zur Blüte kämen Wirklich, man soll nicht alles glauben. Im vierten Jahr da war er schon fast einen halben Meter hoch, setzte er Knospen an. Ich dachte an das blaue Wunder in dem schweizerischen Dorf und freute mich. Nun ja, ganz so blau waren die Blüten dann nicht, als sie aufgingen, eher bläulich-lila. Das liegt wohl an meiner Erde.

Ungefähr 220 Arten von Hibiscus gibt es. Die empfindlichen heißen auch »Chinarose« und sind fürs Freiland bei uns nicht geeignet. Nur der Hibiscus syriacus hält unsere kalten Tage aus. Ein bisschen empfindlich ist aber auch er. Mein Hibiscus erträgt Schnee besser als sommerlichen Dauerregen. Gerade jetzt hat er angefangen zu blühen – mitten in einer Schlechtwetterperiode. Seine zarten Blütenblätter kleben zusammen wie zerknittertes Seidenpapier. Kaum aber scheint die Sonne, entfalten die nachkommenden Knospen ihre Pracht. Wie gesagt, nicht leuchtend blau. Aber: Einem gestohlenen Gaul schaut man nichts in Maul. Das hat meine Großmutter auch immer gesagt.

Schöner Dill – Der Sprengmeister

Das auf der ganzen Welt weitaus beliebteste Gewürzkraut ist die Petersilie. Petersilie wird tonnenweise produziert, allerdings vermuten die Statistiker, dass höchstens 10 % auch wirklich gegessen werden. Der riesige Rest dient der Dekoration. Keine kalte Platte, kein Käsesortiment, kein Wiener Schnitzel ohne das hübsche grüne Sträußchen, das meist achtlos am Tellerrand zurückbleibt und in den Müll wandert. Arme Petersilie.

In meinem Garten verdient sie kein Mitleid. Da erweist sich das Allerweltskraut plötzlich als zickig. Gedeiht einfach nicht. Mag nicht. Petersilie gehört, habe ich mich schlau gemacht, zu den Nacktkeimern, man soll die Samen nur sanft auf den Boden drücken, ohne sie mit Erde zuzudecken. Vielleicht wohnen bei mir Vögel, die sehr gerne Petersiliensamen oder ganz frisch geschlüpfte Petersilienkeimlinge fressen. Vielleicht sind es auch andere Tiere. Jedenfalls stehe ich vergebens mit dem Küchenmesser vor dem Beet: Es gibt nichts abzuschneiden.

Ganz anders meine Erfahrungen mit Dill. Oh, meinen Dill sollten Sie sehen! Er sprengt die Erde geradezu, wächst mit dicken Stängeln mehr als 1 m hoch und kommt, weil ich ja nicht täglich Dillsauce, Dillheringe, Dillgurken zubereiten kann, weithin zur Blüte. Wunderschöne gelbe Blütenteller machen das Dillbeet zur Konkurrenz von Rosen, Dahlien, Lavendel. Bei Sonnenschein verteilt sich der Duft auf die ganze Gegend. Bienen mögen ihn, Schnecken und auch Vögel offensichtlich nicht. Ich bin glücklich mit ihm.

Allein die Farbe: mitten im Hochsommer eine frische Frühlingsfarbe zwischen Gold und Grün. Die langen zierlich gespreizten Stängel sehen klasse aus in einer Glasvase (edel filigran) oder in einem Bauernkrug (eher urig). Wenn ich Floristin wäre, würde ich Dillsträuße teuer verkaufen.

In mittelalterlichen Kräuterbüchern steht, dass Dill zu den so genannten Liebeskräutern gehört, ein sanftes Aphrodisiakum. Die heilige Hildegard von Bingen rühmt seine beruhigende und verdauungsfördernde Wirkung. In Pestzeiten wurde der Dill als Heilkraut verwendet. Er hielt, über die Stalltür genagelt, Unheil von

Vieh ab. Auf dem Weg in die Kirche sollten die Bräute Dillblüten in ihre Schuhe legen und mit geschlossenen Augen sich selbst zuflüstern: »Ich hab im Schuh den Dill, mein Liebster muss machen, was ich will.«

Heute glauben wir solches Zeug nicht mehr. Die Wissenschaft sagt uns, dass der wichtigste Inhaltsstoff der Dillpflanze (Anethum graveolens) ein ätherisches Öl mit der Hauptkomponente d-Carvon ist (was immer das ist). Ferner enthalten Grünzeug und Samen Schleim, Harz, Gerbstoff sowie zahlreiche Mineralstoffe und Vitamine, weswegen Dill tatsächlich »fast als Heilpflanze angesehen werden kann« (Warenkunde Obst und Gemüse, Band 2 von Prof. Günther Liebster).

Lieber Dill, du einzige Nutzpflanze, die sich bei mir richtig wohl fühlt: Du bist meine Freude, weil du so schön bist. So zauberhaft schön – was immer in deinem Öl drin ist.

Malerische Gärten

»Sehr heiß im Garten. Die Erdbeeren sind wie mit dicken Flecken Blut besprengt. Es leuchtet direkt aus dem Beet – schon von weitem. Es sind sicher Hunderte da ... Stachelb. Schwach, klein und nur ganz wenig. Johannisb. Viel und gut. Him. Erst am Anfang der Bildung, aber nicht so wenig, wie wir dachten. Kart. Sehr gut und groß geworden (20–25 cm). Gurken gesund. Die neue Saat daneben (vergessen, was es ist) fein aufgegangen.« Diesen Bericht über den Zustand des Gartens schrieb der Maler Wassily Kandinsky im Sommer 1911 an seine Lebensgefährtin, die Malerin Gabriele Münter, als er einmal allein das Haus in Murnau hütete. Sie waren beide leidenschaftliche Gärtner und haben ihr Anwesen mit dem französischen Rondell und den sauber angelegten Beeten oft gemalt. Farbige, freudige Bilder mit Sonnenblumen und dem bayerischen Kirchturm im Hintergrund. Fotos zeigen sie in Dirndl und Lederhose mit Hacke und Spaten bei der Arbeit.

Da waren sie eher eine Ausnahme. Auch andere berühmte Maler hatten Gärten, die sie liebten – geschwitzt und geschuftet haben sie persönlich darin weniger. Claude Monet, der »den schönsten künstlerischen Garten der Welt«, wie es heißt, gestaltete, schrieb: »An meinem Garten arbeite ich kontinuierlich.« Er beschäftigte allerdings einen Obergärtner, ein Heer von Gärtnergehilfen und einen eigenen Gärtner für seinen Teich und die Seerosen. Monet selbst war, wie sein Freund Cézanne sagte, »nur ein Auge, aber bei Gott: was für ein Auge«. Er passte auf, dass alle Blumen ganz eng aneinander gepflanzt wurden, obwohl der Obergärtner mehr Raum und Luft zwischen ihnen wünschte. Er ließ einen Weg mit flammender Kapuzinerkresse überwuchern, er dachte sich eine blaue Brücke über dem Seerosenwasser aus. Und malte, malte, malte alles.

Auch wenn Pierre Auguste Renoir von seiner anstrengenden Gartenarbeit sprach, meinte er damit die Arbeit an der Staffelei. »Diese Olivenbäume!«, schrieb er in einem Brief. »Du kannst dir nicht vorstellen, welches Kopfzerbrechen sie mir schon bereitet haben. Diese kleinen Blätter haben mich schon an den Rand der Verzweiflung gebracht. Ein Windstoß, und ihre Farbgebung hat sich völlig geändert. Die Farbe ist nicht auf den Blättern, sondern zwischen ihnen!« Außer den Olivenbäumen liebte er besonders den roten Mohn. Es gibt eine Mohnblüte, die seinen Namen trägt: Papaver moneti. Der Sohn Monets hat sie gezüchtet.

Paul Cézanne liebte einen wilden, ungezähmten Garten. Ende des 19. Jahrhunderts kamen die ersten amerikanischen Rasenmäher auf den Markt. Die ersten kommerziellen Pflanzenzüchtungen erschienen in den »Mittelklassegärten«, wie Cézanne verächtlich sagte. Bei ihm durfte das Gras nie gemäht werden, die Blumen durften wuchern und verblühen. Er wollte die Natur. Beim Malen in der Natur wurde er von einem Unwetter überrascht und durchnässt. Er starb an einer Lungenentzündung – ganz ähnlich wie sein Kollege Renoir. An einem kalten Novembertag zog sich Renoir beim Malen im Garten eine schwere Erkältung zu, die ihn innerhalb von wenigen Tagen das Leben kostete …

Der Garten, die Herausforderung. Das lebenslange Thema. Emil Nolde malte unzählige Sonnenblumen, Dahlien, Lilien in seinem Garten an der Nordseeküste. Als er sehr alt war, zeigte er seine Bilder fast gar nicht mehr. Er ging lieber mit seinen Besuchern im Garten spazieren, dem ganz von Blumen zugewachsenem Paradies. Seinem Glück.

Phlox – Der allerliebste Liebling

»Der Phlox«, schreibt die englische Schriftstellerin und Gärtnerin Vita Sackville-West, »ist eine gluhende Pracht, besonders in einem halbschattigen Beet, wo sich seine Farbe in der Abendsonne seltsam wandeln und in der Dämmerung unerwartete Töne annehmen …« Und wie er riecht: am Tag nach Maggi, hitzig, ein wenig bitter. In der abendlichen Kühle schwer und süß, nach Sommer, nach Ferien, und ein ganz, ganz kleines bisschen schon nach Herbstfeuer, nach vergehender Zeit.

Aber noch blüht er, unerschöpflich, immer wieder neu aus Seitentrieben, wenn die Hauptblüte verwelkt und abgeschnitten ist. Im Regen ist er standfest. Seine harten Stängel müssen nicht gestützt werden, das macht den Umgang mit ihm bequem. Schnecken mögen ihn auch nicht. Bedroht wird er vor allem durch winzige Fadenwürmer, die die Blätter gelbfleckig werden lassen. Sie befallen aber nicht die Wurzeln. Man soll den Phlox in diesem Fall zurückschneiden bis zum Boden und den Winter über hoffen, dass er im nächsten Frühjahr wieder gesund ausschlägt.

Ein einziges Mal, mit einer einzigen Staude ist es mir passiert. Und er ist wieder gekommen. Aber so ganz sorglos waren meine Erfahrungen mit Phlox anfangs überhaupt nicht. Es dauerte ein paar Sommer, bis sich aus den Pflänzchen von der Staudengärtnerei das Feuerwerk entwickelt, das ich heute im Vorgarten habe. Rot neben rosa, weiß, lila, tief violett, orangefarben. Ich gieße ihn fleißig, er braucht viel Wasser und hat lockere, gut gedüngte Erde gern. Hornmehl, Torfmull, Kompost regen ihn an, richtig üppig zu blühen.

Der Phlox heißt auch Flammenblume. Er ist, steht im Lexikon, ein Himmelsleitergewächs, was immer das für eine botanische Familie ist. Jedenfalls ist sie groß, mit über sechzig Arten, von niedrigen Polstern bis zu hochwüchsigen Stauden, in allen erdenklichen Farben von reinem Weiß bis zu fast schwarzem Violett. Die meisten Sorten kommen aus Nordamerika und sind winterhart. Sie gedeihen in fast allen Klimazonen, von den Tropen bis in die kältesten Regionen. Ihre Blütenbüschel nennt man Trugdolden. Ich bringe es nie fertig, sie für die Vase abzuschneiden. Sie gehören ja auch zu den so genannten unordentlichen Blumen, die immerfort kleine Blüten abwerfen …

Ich habe viele Lieblingsblumen, aber der Phlox ist, glaube ich, mein allerliebster Liebling. Er steht wunderbar neben Rudbeckien und Goldruten – ein buntes, bäuerliches Ensemble. Einen Sommer ohne Flammenblumen kann ich mir nicht leicht vorstellen. Schon deshalb verreise ich im Juli und August, wo sie am schönsten blühen, nur ungern. Mein Phlox könnte verdursten – alle Gartenliebhaber wissen, dass dieser fürchterliche Gedanke einem das Glas Rotwein unter spanischem Himmel echt verderben kann.

Tollkühne Italienerin

Bringt uns dieses Jahr einen guten Tomatensommer? Bis jetzt geht es meinen Kindern der Pflanzenfamilie Lycopersicon, die ich vor die südliche Hauswand gesetzt habe, gut. Lycopersicon ist griechisch und bedeutet Wolfspfirsich – ein Name, der abenteuerlicher klingt als Liebesapfel, Goldapfel oder Paradeiser, wie die Tomaten auch mancherorts genannt werden.

Ein Abenteuer ist es in der Tat, sie in der Hoffnung auf eine gute Ernte immer wieder im Mai als Pflänzchen zu kaufen. Sie sind sehr anspruchsvoll, was den Boden (feucht, nicht zu feucht), die Pflege (regelmäßig entspitzen, aufbinden), die Behandlung von Krankheiten und vor allem das Wetter betrifft. Im ersten Tomatensommer, an den ich mich gut erinnere, war das Wetter schön warm bei mäßigem Regen. Meine Tomantensträucher trugen kiloweise herrliche Früchte. Im Jahr darauf der Dämpfer: Wetter kühl, nass, die Tomatensträucher boten einen grässlichen Anblick mit fauligen Blättern und gelben, fleckigen Tomätchen. Im dritten Sommer (Wetter mittel) marschierten Hundertschaften von Schnecken ins Beet und fraßen einfach alles, Blätter, Stängel und Blüten, ehe sie die kleinste Knolle ansetzen konnten. Im vierten Jahr dann wieder eine Rekordernte – Tomatensalat jeden Tag, Tomatensauce, Tomaten gegrillt und gefüllt, ich kochte sogar Tomatenmark ein.

Es folgten ernüchternde Perioden, in denen ich auf ausländische Importe zurückgreifen musste. Nur: Keine Tomate vom Markt schmeckt halb so gut wie eine selbst gezogene. Nur die vom eigenen Strauch hat dieses süße, total tomatige Aroma. Unvergleichlich. Seit Jahren möchte ich gerne ein kleines Glashaus für meine Tomaten, wie ich es in England gesehen habe. Dann könnte ich endlich meiner Sache sicher sein. Aber vielleicht ist es gerade das Lotteriespiel, das mich fasziniert: glückt's? Oder nicht?

Tomaten kommen aus Mittelamerika. Kolumbus brachte sie nach Europa. Aber während die Aztekenkaiser sie gerne aßen, wurden sie bei uns jahrhundertelang als Zierpflanzen gehalten. Man hielt die schönen roten Kugeln für giftig. In der italienischen Küche tauchten Tomaten zum ersten Mal auf, irgendein tollkühner Italiener musste sie probiert haben. Sein Name ist nicht überliefert. Nur der Name des furchtlosen Amerikaners Robert Gibson Johnson, der 1840 in Salem, New Jersey, auf der Treppe eines öffentlichen Gebäudes vor aller Augen eine rohe Tomate verspeiste. (Quelle: Waverley Root »Enzyklopädie der kulinarischen Köstlichkeiten«.) Ab da wurde die Züchtung der Zierpflanze für die menschliche Ernährung betrieben.

Seither wird an der Entwicklung resistenter Sorten gegen Braunfleckigkeit, Blütenendfäule, Krautfäule, Weiße und Rote Spinne und Viruserkrankungen gearbeitet. Ich bin nicht sicher, dass ich den Erfolg erlebe. Dieses Jahr habe ich damit begonnen, vor schweren Gewitterregen und angekündigten Temperaturstürzen meine Tomaten mit Plastikhauben zu schützen. Vielleicht leiste ich es mir doch, das englische Glashäuschen …

Brennnessel

Eine Schönheit ist sie wahrlich nicht. Manchmal denke ich, sie weiß es selber und geniert sich dafür. Bescheiden sucht sie sich wenig reizvolle Plätze im Garten aus, eine verwahrloste, vernachlässigte Ecke irgendwo, wo sie nicht so arg ins Auge fällt. Sie ist kein freches Unkraut, das sich breit in den Vordergrund drängt. Jedenfalls nicht bei mir. Und auch in der freien Natur sind es eher Ruinengrundstücke, Schotterhäufen, Bahndämme, Stacheldrahtzäune, die sie besiedelt. Hässlich, struppig und zäh.

Die Brennnessel. Wenn ich neben dem Wasserfass oder vor der Trockenmauer ein paar Exemplare ausreiße, erinnere ich mich dann an die Mutprobe meiner Kindheit: Fass Brennnesseln mit angehaltenem Atem und festem Griff an, dann brennen sie dich nicht. Und noch etwas fällt mir ein – das Märchen von den sechs Schwänen, die in Wirklichkeit Brüder sind. Um sie zu erlösen, muss ihre Schwester aus Nesselfasern Hemden für sie stricken. Und unter den Brennnesselhemden werden sie wieder Menschen.

Das ist bestimmt ein wahres Märchen. Vor zweitausend Jahren kultivierte man in Schottland und Norwegen tatsächlich Brennnesseln für die Stoffherstellung. Immer in schlechten Zeiten hat man sich an die guten Eigenschaften der unscheinbaren Nessel erinnert. In keinem Kochbuch aus dem letzten Krieg fehlen Rezepte für eine überaus gesundes Brennnesselgemüse. Neuerdings schätzen übrigens auch Sterneköche wie Eckart Witzigmann den feinen Geschmack der jungen Blätter. Ein Brennnesselsüppchen, schön grün und sahnig, gehört zu den besten Frühlingsgenüssen.

Für den Naturpfarrer Sebastian Kneipp hatte die Brennnessel (Urtica) vor allem medizinische Bedeutung. Er bescheinigt ihr »den größten Wert zur Steigerung der Nierentätigkeit«. Mit ihrem hohen Gehalt an Flavonoiden, Kieselsäure, Kalium- und Kalziumsalzen, Chlorophyll und Vitamin C ist sie ein erstklassiges wassertreibendes Heilmittel.

Das Gemüse schmeckt wie Spinat, Brennnesselsaft wie Spinatwasser, Tee aus getrockneten Blättern gibt es in der Apotheke, mit Spiritus versetzt kann man sich selber ein Haarwasser fabrizieren, mit Wasser vergoren eine Jauche ansetzen, welche im Garten Schädlinge vernichtet und den Boden düngt ... Wunder über Wunder. Auf dem Land verfüttert die Bäuerin klein geschnittenes Brennnessellaub an Hühnerküken und kleine Gänschen, und ... und ...

Und trotzdem mag sie keiner. Wenn wenigstens ihre Blüten ein klein wenig ansehnlicher wären, gelb oder rot, nicht so schütter und mager herumhängend. Es wäre eine lohnende Aufgabe für Züchter, eine Designer-Brennnessel zu erschaffen, die nicht nur durch ihre inneren Werte, sondern auch durch äußere Attraktivität überzeugt – etwa durch hübsche Glockenrispen, die meinetwegen ruhig ein bisschen brennen dürfen. Schließlich kommt der Name aus dem Lateinischen: »Uro« – ich brenne.

Nelken – Vier kurze Zähnchen

Gärtnerseelen sind gefährdet durch ihre Unersättlichkeit. Ich habe noch nie einen Kollegen getroffen, der angesichts der Überfülle des Angebots in einer Gärtnerei sagt: Leider ist für dies und jenes bei mir kein Platz mehr vorhanden. Nein – er stapelt Töpfchen um Töpfchen auf seiner Einkaufskarre. Und das noch, und das auch noch, es ist so hübsch. Man kann annehmen, dass er einen Schlosspark hinter seinem Zaun hat, unermessliche Weiten. Und dabei sind es bloß ein paar Quadratmeter. Das merkt er aber erst, wenn er mit seiner Beute daheim ist und sich die Frage stellen muss: wohin?

Zu dieser unrealistischen, hemmungslos begehrlichen Spezies gehöre ich auch. In der vergangenen Woche habe ich zwanzig Nelkenstöckchen gekauft. Platz habe ich höchstens für zwei. Gott sei Dank hat sich das Wetter eingetrübt, ich stellte die Töpfe im Regen ab und kann nun erst mal in Ruhe überlegen. Größer ist mein Garten davon allerdings auch nicht geworden.

Es handelt sich um Bartnelken, Dianthus barbatus, eine von 1300 Arten der riesigen Nelkenfamilie. »Sweet William« heißt die Sorte. Süßer Willi. Wirken nur im größeren Zusammenspiel ihrer Farben zwischen Weiß und Rosa bis zu Karmin und Blutrot. Viele müssen es sein, eine einzelne Bartnelke würde wirklich gar nichts darstellen. Dafür säen sie sich dann auch jedes Jahr von selber aus. »Die Früchte«, lese ich nach, »sind kleine Kapseln mit vier kurzen Zähnchen.« Vier kurze Zähnchen! So was muss man doch einfach haben. Die stolze alte Familie der Nelken, deren Namen sich aus den griechischen Wörtern dios und anthos zusammensetzt: Gottes Blumen. Sie wurden immer geliebt und verehrt. Wegen des Duftes galten sie als Liebeszauber, im Mittelalter wurden ihre Wurzeln in Wein gekocht für die Fälle »wenn einem graust oder die Pestilenz ankommt«. Nelken schmücken Altäre, Teppichmuster, orientalische Kacheln in Palästen. Sie sind die Blumen der Revolution, das proletarische Sinnbild des 1. Mai. Arbeiterblumen. Zier im Knopfloch des Bräutigamsjacketts.

Bartnelken sind die widerspenstigen Kinder dieser Familie, ein bisschen störrisch und zottelig mit ihren gefransten kleinen Blüten, die in flachen Büscheln zusammenstehen. Dankbare Schnittblumen, sie halten lange in der Vase und blühen im Beet umso üppiger, je öfter man sie schneidet. Regen drückt sie nicht nieder, Sonne verbrennt sie nicht.

Bloß: Wohin mit meinen vielen süßen Willis? In einen Terracottakübel passen sie irgendwie nicht, darin sähen sie zu gezähmt aus. Ich werde schweren Herzens die Narzissenzwiebeln am noch nicht ganz gelben Blatt herausziehen, obwohl sie eigentlich verdient hätten, sich der ungestörten Sommerruhe hinzugeben. Aber ich werfe sie ja nicht weg, ich lasse sie abtrocknen und im Herbst kommen sie wieder an ihren Platz. Wenn von den Bartnelken nur die kleinen Früchte mit den vier kurzen Zähnchen übrig geblieben sind. So ein Gärtnerleben ist sehr abwechslungsreich, nicht wahr?

Kapuzinerkresse – Klopse mit Kapuzinergrün

Meine Oma machte die besten Königsberger Klopse der Welt, und sie brauchte dazu keine Kapern. Die kleinen grünen Knöllchen darin, die so schön scharf schmeckten, waren Früchte der Kapuzinerkresse. Selbst gesammelt, solange sie noch ganz zart und unreif waren, und in Essig eingelegt. »Waschen, mit Salz bestreuen, einen Tag ziehen lassen, so dann in einen Topf mit Pfefferkörner, Nelken, Estragon und Meerrettichscheiben legen und mit kochendheißem Essig übergießen«, steht in ihrer steilen Sütterlinschrift in dem Rezeptheft, das sie mir hinterlassen hat. »Verwenden wie Kapern, billig und besser!«

Meine Oma wohnte in der Stadt, aber Kapuzinerkresse für ihre »Kapern« zu finden war für sie kein Problem. Sie wuchs überall über Gartenzäune, Trockenmauern, auf kiesigem Brachland. Heute findet man sie nur noch selten. Irgendwie ist sie aus der Mode gekommen. Vielleicht, weil sie etwas unordentlich aussieht mit ihren langen Stängeln und Trieben, ihrem Durcheinander von gelben und grünen Blättern, jungen und verwelkten Blüten. Es kann auch daran liegen, dass sie eine Magerpflanze ist, die sich auf fett gedüngten Böden nicht gerne aufhält.

Dabei ist sie eine der malerischsten Gartenblumen, überschwänglich farbenfroh und unermüdlich blühend. Vor ungefähr 400 Jahren kam sie aus der Andentälern Perus und Chiles nach Europa, mit winzigen Blüten und dem Ruf, eine wundersame Heilpflanze zu sein. Die Indianer, bei denen Königsberger Klopse unbekannt waren, banden die runden grünen Blätter auf frische Wunden. Eine sehr sinnvolle Maßnahme. Heute wissen wir, dass antibiotisch wirkende Substanzen darin stecken. Außerdem viel Vitamin C. Ein Butterbrot mit klein geschnittenem Kapuzinergrün drauf ist sehr gesund. Und die Blüten sehen im Salat nicht nur hübsch aus, sondern verleihen ihm auch noch eine pikante scharfe Note.

Ihren Namen verdankt die Kapuzinerkresse der eigenartigen Form dieser Blüten. Als sie in Deutschland heimisch wurden, stellten die Menschen eine gewisse Ähnlichkeit mit den spitz zulaufenden Kapuzen der Mönche vom Bettelorden der Kapuziner fest. Die lateinische Bezeichnung »Tropaeolum« soll allerdings auf einen Helm zurückgehen, den die römischen Streitkräfte bei Siegesparaden trugen.

Kapuzinerkresse mag Sonne und Luft. Aber sie blüht auch bei Regen und strahlt damit umgekehrt dem grauen Himmel freudiges Sonnenlicht entgegen mit ihren wundervollen Farben von Weißgelb über Orange bis zu leuchtendem Rot. Sie ist ein echter Trost in trüben Sommertagen. Von Krankheiten und Schädlingen wird sie eigentlich kaum befallen, nur von den Raupen des Kohlweißlings, der seine kleinen gelblichen Eier gern an den Blattunterseiten ablegt.

Aufs Butterbrot esse ich sie schon manchmal, meine Goldkapuzen, auch im Salat mag ich die Blätter. In Essig habe ich die Früchte noch nie gelegt. Zu umständlich. Und außerdem mag ich Königsberger Klopse nicht mehr so wahnsinnig gern wie früher bei meiner Oma.

Lilien-Zeit – Kapriziöse Diva

Lilien sind seltsame Geschöpfe. Wenn ich eine Lilie in die Vase stelle, habe ich immer das Gefühl, dass es unter ihrer Würde ist, einfach nur so als Zimmerschmuck herumzustehen. Sie will nicht sein wie andere Blumen. Edel, hoffärtig, hoheitsvoll gefällt sie sich in ihrer Pose: mit großen Blüten auf hohen, geraden Stängeln draußen im Garten. Oder in einem Kristallgefäß, in dem sich Kerzenlicht spiegelt, bei festlichem Anlass.

Oh, bitte, binden Sie sie im Beet nicht fest. Sie ist kein Pflegefall, Stützen passen nicht zu ihr. Allerdings hasst sie Wind. Aber das ist Sache des Gärtners. Wenn sie keinen idealen Platz bekommt, dann gedeiht sie eben einfach nicht. Sie verlangt, dass der Boden unter ihr von niederen Gewächsen bedeckt ist, von Fußvolk gewissermaßen. Und natürlich muss sie beschattet werden. Prallen Sonnenschein verträgt sie schlecht.

Nein, es ist nicht einfach, einer Lilie das richtige Ambiente zu bieten. Die englische Dichterin und begnadete Gärtnerin Vita Sackville-West (die berühmten Anlagen von Sissinghurst sind ihre Schöpfung) schreibt: »Viele Menschen haben Schwierigkeiten mit Lilien. Mir ergeht es nicht anders. Ich versuche. Es misslingt. Ich verzweifle. Dann versuche ich es von neuem … Ich habe keinen Erfolg.«

Kapriziöse, launenhafte Pflanzen, um die man sich bemühen muss. Ihr Bett muss weich sein, möglichst in der Tiefe mit Kiessand unterlegt, damit die Feuchtigkeit ablaufen kann. Lauberde, Torfmull, Kompost, Farnkraut-Häcksel werden empfohlen von erfahrenen Lilienfreunden. Leichte, trockene Erde an einem windgeschützten Platz, auf den auch der Regen nicht herunterplatscht. Und, wie gesagt, keine volle Sonne.

Lilien können sich solche Ansprüche erlauben. Sie sind schon vor mindestens 3000 Jahren im alten Ägypten, in Rom, Griechenland, China und Japan bewundert worden. In Syrien bereitete man aus Lilienöl ein begehrtes Schönheitsmittel, in Japan aß man die Blüten zu besonderen Gelegenheiten. Wegen ihrer reinen Farbe war die weiße Madonnenlilie im christlichen Kult Sinnbild der Unschuld, der Demut und des Todes. Für die Könige Frankreichs war sie bis zur Revolution die Wappenblume.

Im vergangenen Sommer hatte ich zwei Madonnenlilien. Juli ist der Monat der Lilien, an warmen Tagen duften sie so stark, dass empfindliche Menschen davon Kopfweh bekommen können. In diesem Jahr ist eine der beiden verschwunden. Ich stehe vor der einen, der einzigen Blüte, und fühle die ehrfürchtige Befangenheit, die sich einstellt, wenn man etwas Vollkommenes betrachtet. Nichts auf der Welt ist weißer, nichts ist geheimnisvoller als die grünlich-weiße Dämmerung in der Tiefe der Blütenglocke, aus der sich wie Feuerzungen die roten Staubgefäße strecken.

Wo ist deine Schwester? Haben sie die Mäuse gefressen? Oder wollte sie einfach nicht mehr da sein? Meine Lilie schweigt. Ihr roter Staub setzt sich auf meiner Bluse fest. Die ist damit erledigt. Lilienblütenstaub lässt sich nie mehr, durch nichts entfernen. Man muss die Staubgefäße abschneiden, rät man im Blumenladen. Aber das wage ich nicht. Was ist schon ein Fleck auf der Bluse gegen solche Schönheit?

Ein Asket: Lavendel

Manchmal hat der Gärtner einfach Glück. Und gar nicht selten beruht das Glück auf einer gewissen Nachlässigkeit. Man ist zu faul, etwas zu tun, was eigentlich getan werden müsste – zum Beispiel den Schandfleck zu beseitigen, der durch die Lagerung von ein paar Haufen Steinen, Sand und Kies im Garten entstanden ist. Ich hatte mir ein Mäuerchen vor der Terrasse eingebildet, die Arbeiten zogen sich hin, die Materialien bedeckten einen Teil vom Staudenbeet, und was nach Fertigstellung der Mauer blieb, war eine dürre, sandige Wüste. Na ja, jetzt fuhr ich erst mal in Urlaub, danach würde ich schwarzen fetten Humus kommen lassen für eine Neubepflanzung

Aber dann erblickte ich auf der Reise die Lavendelfelder der Provence, kilometerweit Duft und Farbe. Der Boden, aus dem die Pracht wuchs, glich meinem Schandfleck daheim aufs Sandkorn: schiefrig, trocken, dürr. Das war's, das wollte ich haben: Lavendel, wenn nicht hektarweise, dann wenigstens ein paar Quadratmeter. Ein blaues Zeichen dafür, dass Schönheit auch unter dürftigen Bedingungen erblüht.

Natürlich hatte ich schon vorher ein paar Mal Lavendel gesetzt. Jeder Rosenfreund pflanzt Lavendel, weil er als der ideale Begleiter von Rosen gilt. Das stimmt, was die Farbe betrifft. Nach meinen persönlichen Erfahrungen führen die beiden aber keine glückliche Ehe. Dafür sind sie einfach zu verschieden in ihren Ansprüchen. Ich würde den Lavendel mit einem asketischen Vegetarier vergleichen, dem es widerstrebt, mit einem üppigen Esser wie dem Rosenstrauch Tisch und Bett zu teilen. Er verliert seine drahtige Dürre, seine harten Blättchen werden lasch, und eines Tages ist er ganz weg. Die Rose hat ihn untergebuttert.

Nein, Lavendel hasst Mist, Kompost, Dünger. Er mag Sonne, wenig Wasser, magere Erde. Er ist ein Hungerkünstler, der seine ganze Kraft in dem feinen, duftenden Öl seiner schmalen Blütenähren und nadelspitzen Blätter sammelt. Unter den nährstoffärmsten Verhältnissen in den Bergen der Hochprovence ist dieses Öl am aromatischsten, aber auch am teuersten. Es wird für die kostbarsten Parfums verwendet.

Mein kleines Lavendelfeld blüht im August, wenn einige Sommerstauden bereits in ihrer Pracht nachgelassen haben. Die Dichterin und Gärtnerin Vita Sackville-West bezeichnet den Lavendel als »treuen Beistand in den mageren Zeiten zwischen Sommerflor und Herbstastern«. Sein botanischer Name Lavendula leitet sich übrigens vom lateinischen lavare, waschen, ab. Die Königin von England benützt zur Schönheitspflege Lavendelseife, fällt mir dazu ein. Und ich – ich liege mit einem Säckchen getrocknetem Lavendel aus eigenem Anbau im Badewasser. Entspannt ganz toll. Besonders nach der Gartenarbeit.

Vom großen Durst

Wie pflege ich den Margeritenbusch auf meinem Balkon richtig? Ganz einfach: Verblühtes abschneiden, viel düngen und viel wässern. »Vor allem viel«, sagt die Verkäuferin im Gartencenter. Margeriten mögen keine Trockenheit.

Der Durst der Blume ist das Kreuz des Gärtners, ob im Freiland oder auf dem Balkon. Durstige Pflanzen können einen bis in die Träume verfolgen, jedenfalls mich. Ich wache in einer Sommernacht um zwei Uhr auf und frage mich, ob ich die Petunien gegossen habe. Nein. Die Vorstellung, wie sie in ihren Töpfen leiden, wie ihre Wurzeln auf der verzweifelten Suche nach Feuchtigkeit an die Tonwände stoßen, wie ihre Blätter erschlaffen und ihre Hilferufe ungehört verhallen, ist kaum auszuhalten. Ach, ich bin oft schon aufgestanden, um mitten in der Nacht zu gießen. Denn Durst ist bekanntlich schlimm.

Ich bin voller Mitleid. Wenn ich am Sonnabendmittag sehe, wie das Pflanzenangebot im Supermarkt auf Rollwägelchen ins Ladeninnere geschoben wird, bricht mir das Herz. Denn natürlich werden sie übers Wochenende verdursten, die armen Dinger. Ein paar Exemplare nehme ich zum halben Preis mit nach Hause, räudige Geschöpfe, denen man kaum mehr ansieht, um welche Blumensorte es sich handelt. Als Erstes gebe ich ihnen zu trinken. Sie erholen sich schnell. Ich bilde mir ein, dass sie aus Dankbarkeit später besonders üppig blühen.

In einem schönen Sommer ist das Problem praktisch unlösbar. Ich habe alle möglichen Tipps und Tricks ausprobiert, zum Beispiel das mit dem Wollfaden, der aus einem großen Wassergefäß die Flüssigkeit nach und nach in den Blumentopf leiten soll. Oder die umgedrehte volle Flasche, die man mit dem offenen Hals tief in die Erde steckt. Beides hat bei mir nicht funktioniert. Am Faden ist das Wasser unterwegs verdunstet, aus der Flasche ist es zu schnell oder gar nicht gelaufen. Ich bohrte Löcher in einen Gartenschlauch und deponierte ihn so, dass tagelang ein sanfter Dauerregen auf die Pflanzen fallen sollte. Der Schlauch verschob sich und spritze ganz woanders hin, alles blieb trocken und die Wasserrechnung war astronomisch.

Heißt das, dass ich von Mai bis Oktober unter strenger Anwesenheitspflicht stehe? Balkon und Garten nicht verlassen darf? Keine »Aida« in der Arena von Verona, kein Bad in der Ägäis, keine Teilnahme an einer Familienfeier, wo man über Nacht außer Haus wäre …

Meine Freundin Annamaria behauptet, dass man Blumen von klein auf an Enthaltsamkeit gewöhnen kann. Richtig erzogen entwickelt eine Pflanze Widerstandskraft, auch wenn sie mal ein paar Tage nichts bekommt. Sagt sie. Auf ihrem Fensterbrett steht ein kleines Myrtenbäumchen, das sie selbst aus einem Zweiglein gezogen hat.

Bei meinem vorletzten Besuch tupfte sie mit dem Finger auf die Erde im Topf. »Gelt«, sagte sie, »du hast Durst. Aber ein Weilchen musst du noch warten.« Bei mir setzte sofort das Mitleid ein. Am liebsten hätte ich auf dem Gang zum Klo das Bäumchen heimlich gegossen. Ich habe mich dann doch nicht getraut. Als ich das letzte Mal da war, blühte es über und über, das gut erzogene Kind. Aber übrigens – meine, verwöhnte Margerite blüht auch sehr schön. Vielleicht ist das eine Lösung: wenn ich sie mitnehme zu »Aida«.

Sonnenblumen

Seit ich in Ungarn riesige Sonnenblumenfelder gesehen habe, träume ich einen wunderschönen Traum: einmal, einen einzigen Sommer lang, möchte ich in meinem Garten nichts anderes haben als Helianthus annuus, die einjährige Sonnenblume. Ihre runden braunen Köpfe mit den goldenen Strahlenkränzen würden bis zur Dachrinne ragen. Die Stängel wären höher als die Menschen, die unter ihnen wohnen. Ein Gesumme von Bienen wäre in der Luft und ein freudiger Glanz auch an trüben Tagen. Es gibt keine schöneren, fröhlicheren Blumen. Wir und alle Spaziergänger, die vorbeikommen, wären guter Laune.

Eine Verwirklichung des Traums steht entgegen, dass der Apfelbaum entfernt und der Rasen umgegraben werden müsste. Auch der Phlox müsste weg und der gesamte übrige Staudenflor, denn nur, wenn nichts die goldgelbe Farbenorgie stört, ist die großartige Wirkung zu erzielen. Und im nächsten Jahr wäre die Pracht schon dürftig, weil Sonnenblumen immer wieder einen neuen Standort brauchen. Sie sind so gefräßig, sie lassen nach ein paar Monaten kraftlose Erde zurück. Außerdem müsste man schon wissen, dass es ein sehr heißer Sommer wird, denn das mögen sie. Bei anhaltendem Regen verkümmern sie.

Also lassen wir es bei einer kleinen Gruppe neben dem Briefkasten. Sie dürfen ihre schweren Blütenköpfe behalten, bis der Raureif sie zu interessanten Skulpturen macht. In der Vase halten Sonnenblumen nicht lange. Sie sind Freiluft-Fanatiker. Aus dem indianischen Nordamerika haben die europäischen Eroberer sie auf unseren Kontinent gebracht. Zunächst nur wegen ihrer Schönheit. Erst im vergangenen Jahrhundert haben die Russen in der Ukraine mit der Kultivierung als Ölfrucht begonnen. Heute ist Russland der größte Sonnenblumen-Produzent der Welt. Hübsche Namen haben sich die Botaniker für ihre Züchtung übrigens nicht einfallen lassen: sie heißen »Peredovik« und »VNIIMIK 8883«, um die ertragreichsten Sorten zu nennen. Also wirklich!

Nahe Verwandte der Sonnenblume sind Gänseblümchen und Topinambur, auch Erdbirne, Ewigkeitskartoffel oder Jerusalemartischocke genannt. Topinambur blüht etwas kleiner, aber fast genauso hübsch wie die Sonnenblume. Ihre dahlienähnliche Knolle verlangt nach fetter Erde, in der sie sich vermehrt. Ihre Inhaltsstoffe sind überaus gesund, vor allem für Diabetiker. Wie Kartoffeln werden die Knollen ausgebuddelt und in der Küche verwendet. Sie schmecken apart, zum Beispiel mit normalen Kartoffeln zu Püree zerstampft. Aber die Blüte kommt spät. Nachdem zwei Jahre hintereinander schon ein harmloser Septemberfrost den Knospen den Garaus machte, habe ich mich von der Verwandtschaft wieder getrennt.

Zu Beginn dieses Sommers habe ich etwas gemacht, was für den Hobby-Gärtner eigentlich unsportlich ist: Ich habe im Blumengeschäft fix und fertige, bereits Anfang Juni blühende Sonnenblumentöpfe gekauft und damit meinen Balkon voll gestellt. Vom Liegestuhl aus kann ich mir vormachen, dass ich eine ungarische Gutsbesitzerin bin und mein Ölfeld besichtige. Kein Traum, aber wenigstens eine winzigkleine Illusion.

Ein stiller Freund

Seit neustem habe ich eine Lieblingspflanze in meinem Garten – seit ich nach ein paar Wochen Krankenhaus wieder nach Hause gekommen bin. Wir haben Anfang Juni, der Garten ist ins Kraut geschossen. Nacktschnecken fressen die Lilien, Blattläuse besiedeln die jungen Rosentriebe, die früh gepflanzten Geranien sind den Nachtfrösten zum Opfer gefallen, der Flieder muss gestutzt und das Gras gemäht werden: Ein Haufen Arbeit wartet, und ich fühle mich noch ein bisschen schwach.

Nur eine Pflanze wächst ausdauernd und schön und still in der schattigen Ecke, in die ich sie vor ein paar Jahren etwas lieblos als »Füller« gesetzt habe, weil nichts anderes dort gedeihen wollte – ein Farn. Genau gesagt, ein Wurmfarn, auf lateinisch Dryopteris filix-mas. Wie in jedem Frühjahr hat er seine langen Wedel, anfangs schneckenartig aufgerollt, aus der Erde gestoßen. So heißt das bei den Farnen. Andere Pflanzen schlagen aus, Farne stoßen aus.

Mein Farn verlangt von mir keinerlei Aufwand. Schädlinge mögen ihn nicht, nie muss Verblühtes abgeschnitten werden, er braucht keinen Dünger und wenn er nicht gegossen wird, ist es ihm auch egal. Alles was er will ist Schatten. Vor Jahren habe ich ihn selber im Wald ausgestochen. Eigentlich wollte ich einen Königsfarn, der sich im Herbst goldgelb färbt. Aber ich kannte mich nicht so gut aus mit Farnsorten, und jetzt habe ich eben die Wurm-Version.

Farne gibt es seit etwa 400 Millionen Jahren. Sie haben einmal wie die Dinosaurier die ganze Erde beherrscht. Dennoch sind sie von den Botanikern als »niedere Pflanze« eingestuft, weil sie keine Blüten und demzufolge auch keine Samen haben. Ihre Fortpflanzung ist äußerst kompliziert. Sie vermehren sich durch den Staub ihrer Sporen auf den Blattunterseiten. Wie sie das genau machen, wurde 1851 von einem deutschen Buchhändler entdeckt, der dafür mit einem Lehrstuhl an der Universität Heidelberg belohnt wurde.

10 000 Farnarten sind bekannt, 500 davon sind in der Arktis zu Hause, 500 in der Wüste, die Übrigen kommen zumeist in tropischen Urwäldern vor. Aber sie wachsen auch auf unseren heimi-

schen Waldlichtungen, an Wasserrändern, in jeder halbdunklen Gartenecke. Es gibt sie in klein und groß, als Bodendecker und breite Büsche, mit runden, länglichen, gefiederten Blättern, dunkelgrün, rötlich, silbergrau, buntblättrig. Man könnte einen ganzen Garten sehr abwechslungsreich nur mit ihnen gestalten.

Ich lehne mich in meinem Gartenstuhl zurück. Ach, warum weiß ich das erst jetzt? Ich hätte so gut wie keine Arbeit. Farne sind so anspruchslos, bescheiden, geduldig – Eigenschaften, die sich nur in sehr, sehr hohem Alter entwickeln …

Herbst

Reisemitbringsel

Rosa heißt die Bäuerin in Südtirol, bei der ich im Sommer in einem mit schönen alten Möbeln eingerichteten »Gäschte«-zimmer wohne. Rosa macht alles selber, das Apfelgelee zum Frühstück, das anisduftende Brot, die Butter und den Honig. Im Garten zieht sie Basilikum, Feuerbohnen, Tomaten. Und natürlich stammen auch alle Blumen aus ihrer eigenen Zucht. Akeleien zum Beispiel in sämtlichen Farbspielen. Ich liebe Akeleien und habe bei mir zu Hause immer Pech mit diesen zarten Stauden. Habe ich mir also im letzten Sommer einen gehörigen Stich aus ihrem Akeleienbett mitgenommen: Aquilegia vulgaris, wächst überall, in der Sonne und im Halbschatten. »Anmutige Beetpflanze«, steht im Gartenbuch.

Bei mir heißt sie jetzt Rosa. Alle Blumen und Pflanzen, die ich von irgendwoher mitbringe, heißen nach ihren Spendern oder nach den Orten, an denen ich sie heimlich ausgegraben habe. Eine Heckenrose zum Beispiel ist die Marianne, im Frühjahr blüht nicht der Enzian, sondern die Seiser Alm an einer sonnigen Stelle im Gras. Für Außenstehende ist das manchmal ein bisschen irritierend, wenn ich erwähne, dass mir dieses Jahr die Oma eingegangen ist. Die Oma ist ein Salbeistrauch gewesen, der sechzehn Jahre lang treulich immer wieder ausschlug, und jetzt ist er also dem langen harten Winter zum Opfer gefallen.

Aus einem Vorgarten in Georgetown/Washington habe ich mal einen hübschen Bodendecker ausgerissen und mit klopfendem Herzen am Zoll vorbeigeschmuggelt, weil man doch keine lebenden Pflanzen ausführen darf. Jetzt bedeckt Washington meinen Vorgarten, wuchert wie wahnsinnig und lässt sich nicht in die Schranken weisen. Selber schuld. Man bringt nichts mit, von dem man nicht weiß, was es ist.

Aber es macht doch solchen Spaß. So muss den frühen Weltumseglern zumute gewesen sein, wenn sie unbekannte Blumen im Gepäck hatten. Die wurden zu Hause dann auch Begonien genannt, nach ihrem Entdecker Begon, der im 17. Jahrhundert Gouverneur von San Domingo war. Oder Fuchsie nach einem vor 500 Jahren verstorbenen Tübinger Botaniker. Eine Fetthenne im Garten zu haben ist kein Kunststück, es gibt sie in vielen Sorten in jedem Gartencenter. Aber ich habe einen Suppan, den hat mir ein alter Mann dieses Namens auf dem Friedhof vom Grab seiner Frau weg geschenkt, und einen so schönen Suppan, scharlachrot blühend, hat außer mir niemand.

Veilchen vom Berg Isel. Pestwurz aus einem lichten Buchenwald im Hohenlohischen. Eine Grünlilie, als Ableger entwendet aus einem Mietshaus in der Münchner Aberlestraße – das sind keine gewöhnlichen Pflanzen, sondern Erinnerungen. Beutestücke des Lebens. Unikate gewissermaßen, die einen Garten wertvoll machen und geheimnisvoll.

Ach, aber meine Rosa – bis jetzt ist sie nicht gekommen. Ich steh am Beet und schaue und schaue: nichts. Wenn ich nur wüsste, wieso Akeleien mich nicht mögen.

Jonathans Erziehung

Meinen Apfelbaum kaufte ich in einer Baumschule, wo die kleinen Bäumchen rührend kerzengerade in einer Reihe standen wie ABC-Schützen. Sie heißen übrigens nicht Bäumchen, sondern Unterlagen. Ich suchte mir das niedlichste Exemplar aus von der Sorte Jonathan, spätblühend (was in unserem frostigen Klima günstig ist) und ertragreich. Zu Hause pflanzte ich es mit reichlich Humus in die Wiese hinter dem Haus. Ich gab ihm noch einen Stecken als Stütze und hatte keine Ahnung, welche Verantwortung ich mir da aufgebürdet hatte. Es ist nämlich so, dass Obstbäume eine Erziehung brauchen, und dafür ist die Hobbygärtnerin zuständig.

Die ersten Jahre waren unproblematisch. Jonathan gedieh, blühte im zweiten Jahr und steckte sich im dritten ein rotes Äpfelchen an einen Zweig. Als es reif war, schnitt ich es in mehrere Spalten. Jeder in der Familie bekam ein Stückchen – ich muss wohl nicht erwähnen, dass es sich dabei um den besten Apfel meines Lebens handelte.

Aber dann besuchte mich ein obstbaumkundiger Freund und klärte mich auf, dass Jonathan dringend eines Erziehungsschnitts bedürfe. Dabei handelt es sich keineswegs nur einfach um Kürzung aller Äste. So ein Apfelbaum hat Mitteltriebe, Konkurrenztriebe, Seitentriebe, Wassertriebe, Fruchtspieße, die voneinander unterschieden werden müssen. Ich studierte aufklärende Zeichnungen in der Fachliteratur. Der Unterschied zwischen Konkurrenztrieben und Fruchtspießen schien mir ein bisschen schwierig zu sein.

Man will ja nichts falsch machen. Also besuchte ich einen Schnittkurs für Obstbaum-Freunde, den der örtliche Gartenbauverein an einem frostfreien Samstag im Frühmärz veranstaltete. Teilnahme kostenlos. Ich versammelte mich mit anderen Baum-Eltern in einem fremden Garten und sah, wie die Kunst des Baumschnitts funktioniert.

Bester Zeitpunkt ist im abnehmenden Mond. Da zieht der Baum seine Kräfte in Bodennähe zurück und ist in den oberen Regionen weniger empfindlich. Größere Wunden durch das Schneiden sollen gleich mit Wundharz behandelt werden. Bei den dünnen Ärmchen von meinem Jonathan wird das noch nicht nötig sein. Aber die dünnen Ärmchen müssen erzogen werden, »in Form dressiert«, damit sie in die richtige Richtung wachsen und ein harmonisches Gesamtbild entsteht.

Dazu kürzt man sie etwas und hängt anschließend Gewichte daran, die sie nach unten ziehen. Dazu werden Steine in kleine Plastikbeutel gefüllt und an die Zweigspitzen gehängt. Ja, Jonathan, Erziehung tut weh. Und sieht auch nicht schön aus. Aber wenn zu groß bist, wirst du es mir danken. Ich werde auf einer Bank zu deinen Füßen sitzen und in deine harmonische Krone schauen, und die ganze Welt wird mich um meinen wunderbar erzogenen Apfelbaum beneiden.

Der Hund und sein Garten

Hallo, mein Name ist Paul. Ich bin Hund bei der Frau, die normalerweise hier schreibt. Als ich hörte, dass sie diesmal über das Thema »Hund im Garten« schreiben will, habe ich beschlossen, selbst das Wort zu ergreifen, um Irrtümer und Falschdarstellungen auszuschließen. Das meiste, was Menschen über Hunde veröffentlichen, ist nämlich nicht richtig.

Jedes Tier hat ein besonders Talent. Vögel können schöne Häuser bauen. Ich bewundere sie oft, wenn sie ihre Bauten zum Beispiel zwischen Fensterladen und Hauswand errichten. Katzen haben das Katzenklo erfunden. Sonst sind sie nach meiner Beobachtung nicht sehr kreativ. Wir Hunde sind sehr begabt als Landschaftsgärtner. Ähnlich wie unsere nahen Verwandten, die Maulwürfe, sind wir in der Lage, ebenes Terrain in Täler und Hügel umzugestalten. Wir können das besser als meine Frau, weil sie dazu einen Spaten bräuchte. Ich kann es nur mit meinen Pfoten und mit meinen Zähnen. Es ist anstrengend, aber wenn ein Hund sich etwas vorgenommen hat, führt er es auch durch.

Manchmal erwische ich bei meiner Arbeit auch eine Maus. Mäuse sind lustig, sie quieken, wenn man mit ihnen spielt. Wenn sie sich nicht mehr rühren, quiekt meine Frau auch und wirft sie mit Gummihandschuhen in die Mülltonne. Es kann natürlich vorkommen, dass eine Maus auch in der Erde verschwindet, wo Tulpenzwiebeln oder dergleichen vergraben sind. Dann muss ich diese vorübergehend entfernen. Aber in den durch mich gelockerten Boden kann sie meine Frau leicht wieder hineinstecken.

Ich lege auch schöne Wege an, damit ich den Rasen nicht zertrete, wenn ich am Zaun entlang einen Spaziergänger begrüße. Außerdem bin ich sehr beschäftigt damit, junge Pflanzen umzusetzen, pikieren nennen die Menschen das. Dadurch begünstige ich das Gedeihen von Kopfsalat. Der Aufforderung, Nacktschnecken zu vertilgen, kann ich leider nicht nachkommen, weil mich vor denen graust. Sie sind rutschig und riechen nach nichts, ich bezweifle, ob es überhaupt Tiere sind.

Unsere Nachbarn beschäftigen im Sommer dafür zwei indische

Laufenten. Die gehen mir restlos auf die Nerven, weil sie ununterbrochen vor sich hinschwatzen, nicht eine Sekunde halten sie den Schnabel. Wenn ich sie anbelle, kriegen sie furchtbar lange Hälse und rennen weg. Ich bin wirklich froh, dass ich keine indische Laufente bin.

Beim Gießen kann ich mich ja nicht beteiligen, weil ich keine Kannen tragen kann. Um die Düngung kümmere ich mich schon. Dabei passe ich auf, dass ich den Rasen und auch meine Wege ausspare, nur die Blumenrabatte sollen etwas bekommen. Blumen mag ich gern. Allerdings bin ich einmal, als ich an einer Rose roch, von einer Biene gestochen worden. Meine Frau hat mir den Stachel aus der Nase gezogen, aber die Rosenbüsche hat sie stehen gelassen. Nun ja, man darf nicht zu große Solidarität erwarten. Manchmal denke ich, dass die Menschen vor Arbeit, die sie nicht bezahlen müssen, keinen Respekt haben.

Ich wollte hiermit nur erläutern, dass ein Hund im Garten kein Problem ist. Im Gegenteil. Kein Hund im Garten, das wäre ein Problem.

Grüne Ernährung

Ein Garten muss ausgewogen ernährt werden, das ist schon klar. Von nichts kommt nichts. Es genügt nicht, einfach nur den Wasserhahn aufzudrehen. Stickstoff wird benötigt, Phosphor, Kalium, Kalzium, und zwar in sorgfältig bemessener Menge. Was darüber in meinen Gartenbüchern steht, liest sich wie ein Prospekt aus der Apotheke. Kalium kräftigt, Phosphor aktiviert, fehlt es an Eisen, werden die Blätter weiß statt grün, Magnesiummangel lässt die Tomanten verkümmern.

Noch schlimmer allerdings ist es, wenn zu viel davon verabreicht wird. Da werden die Pflanzen krank und schlapp, sie reichern sich mit Nitraten an und sind damit, falls es sich um Gemüse handelt, furchtbar ungesund. Ach, man kann so vieles falsch machen, bei der menschlichen und der pflanzlichen Ernahrung. Auch Blumengewächse können überernährt, sprich: fett werden. Dann blühen sie nicht mehr, sitzen nur noch träge im Beet herum.

Ich stehe im Gartencenter in der Düngerabteilung und habe Gott sei Dank meine Brille dabei, damit ich die langen Listen von Inhaltsstoffen, Dosierungsanleitungen und Nebenwirkungen studieren kann, die auf jeder Düngerpackung abgedruckt sind. Zinn, Zink, Mangan, Bor und Kupfer sind ebenfalls lebenswichtig, wenn auch nur in geringsten Spuren.

Von einem befreundeten Gärtner stammt eine hilfreiche Faustregel: Niemals aus der vollen Hand heraus Düngen verteilen, sondern immer so, als streue man Salz über eine Suppe. Fertig zusammengestellten Dünger wählen, Rosendünger für die Rosen, Rhododendrendünger für die Rhododendren, Spezialzubereitungen für Thujen, Gemüse, Sträucher, Rasen. Der Kofferraum vom Auto ist nach so einem Einkauf voll, und daheim weiß man eigentlich nicht recht, wohin man mit den vielen Säckchen und Päckchen soll – aber so unterlaufen einem wenigstens keine gravierenden Fehler.

Am Abend soll man sich bekanntlich am Familientisch möglichst nicht den Bauch vollhauen, und im Garten ist es genauso. Ab September nicht mehr düngen, und wenn, dann nur ganz leichte

Kost: stickstoffarm. Sonst gehen unsere Gewächse mit unvollendeter Verdauung ins Bett, das heißt, in die frostige Zeit.

Der mitfühlende Gärtner gönnt ihnen eine Decke aus Laub oder Rindenmulch. Früher gab es ein Polster aus Torf. Um die wenigen noch existierenden Torfmoore zu schonen, verzichten wir heute darauf. Als Ersatz können wir Kaffeesatz nehmen, falls wir ihn den Sommer über in einer verschwiegenen Gartenecke gesammelt haben. Den Komposthaufen lassen wir am besten über den Winter in Ruhe. Kompost ist die ideale Frühjahrskur, reich an Vitaminen und Ballaststoffen. Falls wir ein Stück Wildwiese wollen, streuen wir Sand auf dem dafür vorgesehenen Rasen aus. Das ist eine Magerdiät für die Samen von Margeriten, Lichtnelken, Wiesenschaumkraut, Klatschmohn.

Früher haben die Menschen derbere Kost vertragen als heute und die Gärten wohl auch. Früher hat meine Tante, die Bäuerin war, eine Fuhre Kuhmist über ihren Beeten verteilt, bevor der Schnee fiel. Es war eben manches einfacher. Aber erstens ist früher vorbei, und zweitens wo bekäme man überhaupt noch Kuhmist her?

Kranker Baum

Warum gibt es eigentlich keine Krankenkasse für Bäume? Bäume können krank werden wie Menschen. Es gibt einen Schwarzen Krebs, der auch noch ausgerechnet Trauerweiden am häufigsten befällt, einen Obstbaumkrebs, den Feuerbrand, die Ohrläppchenkrankheit, den Gummifluss und das Ulmensterben – um nur einige schwere Leiden aufzuzählen. Manche sind so gefährlich und ansteckend, dass im Fachbuch über sie steht: »Befallene Bäume vernichten und Pflanzenschutzdienststelle benachrichtigen.« Adressen sind im Landwirtschaftsministerium zu erfragen, von dort schicken sie auch auf Wunsch einen so genannten Baumdoktor.

Klingt nach teuer – wenn man bedenkt, was schon die Anfahrt eines Geschirrspülmaschinendoktors kostet. Man schiebt solche Entscheidungen also auf. Als meine Stechfichte in diesem Frühjahr ein gelbes Zweiglein bekam, hoffte ich, dass es sich nur um eine vorübergehende Sache handelt wie einen Schnupfen. Das zweite, dritte, vierte gelbe Zweiglein ließt meine Hoffnung schwinden. Ich rief einen befreundeten Forstmeister an und schilderte die Symptome. Aha, sagte er. Die Sitka-Laus.

Bei der Sitka-Laus handelt es sich um eine spezielle Fichtenheimsuchung. Falls die Nadeln mitten im saftigen Frühling gelb werden und abfallen, steckt die Laus dahinter. Sie befällt die jungen Triebe und saugt den Saft heraus. Die Sitka-Laus ist klein, grün und hat rote Augen, las ich in einem Lexikon der Baumkrankheiten und –schädlinge. Man kann sie entdecken, indem man die Äste über einem weißen Blatt Papier kräftig schüttelt.

Ich schüttelte. Irgendwas Grünliches, Krabbliges fiel heraus. Rote Augen konnte ich nicht ausmachen. Sie ist ja auch sehr klein, einen halben bis einen Millimeter groß nur. Aber sie hat guten Appetit. Immer mehr Zweige wurden gelb und kahl. Schließlich starb die ganze Spitze ab.

Ich muss gestehen, dass ich keinen Doktor rief, sondern den Holzfäller. Es kam nicht der Bulle mit Beil, den ich erwartete, sondern ein Ingenieur mit einem Anhänger an seinem Sportauto, auf den er Präzisionssägen, elektrische Messer, Bohrer, Fräsen und eine Leichtmetallleiter geladen hatte. Mein armer Baum. Er durfte nicht sterben wie seine Brüder im Wald – aufrecht, mit einem Krach in die Knie brechen und donnernd zu Boden stürzen.

Nein, er wurde erst seiner Äste entkleidet. Nackt stand er da, ärmlich. Vor ein paar Jahren war er einmal unser Christbaum gewesen, in einem Topf mit Wurzeln. Jetzt musste ich zusehen, wie er bei lebendigem Leib von oben nach unten in Stücke zersägt wurde. Seine Lebenswurzeln wurden in der Erde zu Pulver zerfräst. Nichts blieb von ihm übrig als ein großer runder kahler Fleck im Garten. Die Zweige wurden auf den Anhänger verladen, zum Verbrennen. Ich dachte an die kleinen grünen Sitka-Läuse, wie sie erschrocken ihre roten Äuglein aufreißen.

Der Winter wird kommen, und zum ersten Mal gibt es keine Fichte, auf der sich der Schnee festhalten kann. In den letzten Oktobertagen steckte ich noch schnell Narzissen- und Krokuszwiebeln in die wunde Erde. Vielleicht trösten sie mich im Frühjahr. Ach ja, und vorgestern kam die Rechnung. »Entfernung und Abtransport: 1950 DM.« Warum gibt es keine Krankenkasse und keinen Pfennig Sterbegeld für einen Baum?

Herbstprogramm

»Herr, es ist Zeit, der Sommer war sehr groß«, heißt es in einem Gedicht von Rilke. Und er war lang und schön, der Sommer in diesem Jahr. Ich blicke auf die erschöpften Stauden im Beet, auf die fast verblühten Pflanzen in den Töpfen auf der Terrasse. Kurz mal überschlagen: Wie viel Kannen Wasser habe ich vergossen? Wie oft gedüngt, abgezupft, Blattläuse zerdrückt? Vorbei.

Der gemütliche, weil arbeitslaxe September – vorbei. Jetzt heißt es aufräumen. Schade, der unersättliche und unermüdliche Margeritenbusch hat sich gerade entschlossen, noch einmal voll zu blühen. Aber er muss abgeschnitten werden. Ich darf nicht warten, bis der erste Frost ihn ruiniert. »Margeriten um zwei Drittel zurückschneiden, frostfrei und hell im Haus unterbringen«, steht in der Gartenzeitschrift.

Frostfrei und hell ... Warum haben wir beim Hausbau keinen entsprechenden Raum eingeplant? Im Treppenhaus wären die Bedingungen zwar erfüllt, aber ich habe keine guten Erfahrungen gemacht. Zugig, bei offener Haustür dann doch zu kalt. Abgesehen davon, dass ein gestutzter kahler Margeritentopf keine große Zierde ist. Das Resultat war für alle Beteiligten enttäuschend, besonders für die Margeriten. Sie wollten im Frühjahr nicht mehr neu treiben.

Vom Keller als Standort für Fuchsien kann ich nur abraten. Sie bekommen in der Dämmerung lange bleiche Triebe und brauchen im Frühjahr wochenlang, ehe sie sich im Freien wieder an die frische Luft gewöhnen und Knospen ansetzen. Der Oleander ist im Schlafzimmer zwar kühl und hell untergebracht, aber er kriegt immer sofort die Weiße Fliege. Ungezieferbefall ist ein Zeichen dafür, dass die Pflanze sich nicht wohl fühlt. Das belastet mich, es fällt mir schwer, sorglos neben meinem unglücklichen Oleander zu schlafen. Aber wir müssen da beide durch, er und ich, ich finde keine andere Lösung. Da lob ich mir die Geranien. Die blühen auf der Küchenfensterbank den ganzen Winter einfach weiter. Man muss sie nicht zurückschneiden. Erst im Frühjahr vor dem Hinausstellen lichtet man ein bisschen aus.

Ach ja, und im Beet blühen noch ein paar Herbstastern, um die es mir Leid tut. Und der blaue Eisenhut leuchtet im Nebel. Wunderschöne Abbildungen in einschlägigen Magazinen wollen dazu verführen, alles einfach stehen zu lassen. Disteln im Raureif, filigrane Gräser unter kleinen Schneehäubchen ... Man darf sich von solchen Farbfotos nicht täuschen lassen. Ich habe es ausprobiert und bin seither ganz sicher, dass die Fotografen mit künstlichen Schnee- und Reifkristallen arbeiten. Wenn es nämlich richtig schneit und friert, wird alles zu Boden gedrückt und sieht überhaupt nicht malerisch, bei Tauwetter nur halb verfault und schlampig aus.

Der Komposthaufen wartet auf den Sommerabfall. Also soll möglichst klein geschnitten oder zerhäckselt werden. Aber das ist mir zu viel Arbeit. Auch Stängel und Ästchen werden ganz von selber zu fruchtbarer Erde, es dauert halt ein bisschen länger. Ich streue ein wenig Kalk und Steinmehl dazwischen und warte ab. Das können wir Gärtner ja: warten. Aufs nächste Frühjahr, wenn's sein muss, auch aufs übernächste.

Zitronenbäumchen – Läuse auf dem Nordbalkon

Meine Nichte hat von ihrem Freund ein Zitronenbäumchen geschenkt bekommen. Quasi als Unterpfand der Liebe, bevor der Freund berufshalber für vier Wochen nach Australien geflogen ist. Ein Zitronenbäumchen, ungefähr 60 cm hoch, mit vier lebenden Zitronen an den Zweigen und einigen stark duftenden weißen Blüten. Sie solle, sagte der Freund, das Bäumchen schön hegen und pflegen, bis er wieder da ist.

Wie pflegt man einen Zitronenbaum? Meine Nichte gehört zu den Menschen, die nicht einmal wissen, wie man einen Schnittlauchtopf am Küchenfenster behandelt. Sie stellte das Zitronenbäumchen in einem Tonkübel auf ihren Nordbalkon im vierten Stock. Als die erste Zitrone abfiel, rief sie mich an. Hilfe!

Bevor ich zu ihr fuhr, besorgte ich mir Fachliteratur. Ich weiß, wie man Fuchsien, Geranien und Petunien am Leben erhält, aber schon ein kleiner Oleander hat mir Schwierigkeiten bereitet. Er zeigte mir deutlich, dass er es halt einfach warm haben will. Sonnig. Als wir im Juni drei Wochen die Schafskälte hatten, wurde er von Schildläusen heimgesucht. Und seine Knospen wollten einfach nicht dicker werden, vergeblich wartete ich auf Blüten. Ich kann mir vorstellen, dass ein Zitronenbäumchen erst recht südliche Hitze braucht.

»Zitrusfrüchte in der Familie der Rutaceae gehören zur Unterfamilie Citroideae«, las ich in Brüchers Beschreibung der tropischen Nutzpflanzen. Durchgehendes Kennzeichen aller Arten ist der Besitz mehrzelliger Ölbehälter in Blättern, Blüten und Früchten. Daher rührt der aromatische Geschmack der Früchte und der starke Duft der Zitronenblüte. Die Blätter sind ledrig, immergrün, die Bäume werden etwa 3 m hoch und müssen reichlich gegossen werden. Als ursprüngliche Heimat wird China angenommen.

In einem Gartenbuch fand ich unter dem Stichwort »Pflegeansprüche« den Hinweis: »Empfindlich«. In einem anderen: »Bevorzugen sonnigen windgeschützten Standort. Besonders Kübelpflanzen benötigen regelmäßig Wasser und Dünger, wobei auf Zufuhr von Kalium und reichlich Stickstoff zu achten ist. Die Pflanzen werden häufig von Viren oder Schädlingen befallen, zum Beispiel von

Schild- und Schmierläusen und Fruchtfliegen.«

Schweren Herzens betrat ich den Balkon meiner Nichte. Der Freund war jetzt zehn Tage weg und das Bäumchen sah arm aus. Verkühlt und windzerzupft. Ich riet, es lieber ans sonnige Wohnzimmerfenster zu stellen. Gießen nicht vergessen! Eine Woche später war der Zustand noch erbärmlicher. Das Gießen war offenbar vergessen worden. Die meisten Blätter waren abgefallen. Drei Zitronen hingen noch immer zählebig an den kahlen Zweigen. Aber dann entdeckte ich an den restlichen Blättern die dunkelbraunen Rücken von Schildläusen.

Was hätten Sie an meiner Stelle empfohlen? Ich war dafür, die Zitronen zu ernten und das Bäumchen in den Müll zu werfen. Und dann, weil der Thomas doch praktisch schon im Flugzeug saß, schenkte ich meiner Nichte ein neues Zitronenbäumchen. Wenn er dich wirklich liebt, meinte ich, wird er das gar nicht bemerken. Seither habe ich von ihr nichts mehr gehört. Und auch nichts vom Zitronenbäumchen und von Thomas.

Astern – Das überzüchtete Sternchen

Früher war alles besser, sagen ältere Leute oft. Wer will schon zu dieser Randgruppen gehören? Ich hüte mich lieber vor derartigen Sprüchen. Aber, unter uns gesagt: Astern waren früher tatsächlich besser. Ich erinnere mich, dass ich immer ein ganzes Beet voll Astern hatte, lila, rosa, blau, weiß, dunkelrot, mit dicken Köpfen auf gesunden Stängeln und Blättern. Als kleine Pflänzchen im Frühjahr gekauft und eingesetzt. Von Anfang August an blühten sie bis in den Herbst hinein.

Wo sind die geblieben? Jetzt hängen sie so herum im Beet, dürftige Knospen, schwächliche Stängel, und die Blätter werden trocken, rollen sich brandig zusammen. Den Rest erledigen die Schnecken, aber die gab's ja früher auch. Ich gieße, dünge, ich weiß nicht, was ich falsch mache. Astern sind doch ganz normale Blumen, oder nicht? Sie können doch nicht beleidigt sein? Manchmal denke ich, sie sind einfach überzüchtet, zu früh in kleine Containerchen hineinpikiert, mutterlose, arme Geschöpfe.

Nachdem ich mir ein vier Kilo schweres botanisches Lexikon mit 10 000 Pflanzen in Text und Bild gekauft habe, sehe ich etwas klarer. Darin steht zwar, dass die so genannte Sommeraster (Callistephus, einjährig) seit langem kultiviert und von den Züchtern jedes Jahr um zusätzliche Sorten vervielfältigt wird, (aha! Also doch überzüchtet!), aber ich habe auch folgenden Satz gefunden: »Sie braucht Sonne und fruchtbaren durchlässigen Boden und sollte nur nach einer zwei- bis dreijährigen Pause in dasselbe Beet gepflanzt werden, damit die Asternwelke sich nicht ausbreiten kann, eine bodenbürtige Pilzkrankheit.«

Bodenbürtig. Was für eine interessante Wort-Neuzüchtung. Daran also liegt es wohl. Ich liefere meine kleinen Pflänzchen einem bodenbürtigen Infekt aus. Können ja nichts werden. Mit Zinnien geht es mir übrigens ähnlich, die kümmern und welken auch dahin. Es wird mir nichts anders übrig bleiben, als eine umfassende Umsiedlungsaktion vorzunehmen. Raus mit euch, ihr Astilben und Sonnenhüte, Platz gemacht für meine Astern und Zinnien. Ihr dürft euch dafür zu den kleinen Pilzchen setzen, die euch nicht angreifen, vielleicht. Hoffen wir's.

Ach, ich möchte einen riesigen Garten haben, wo ich meinen Blumen großzügige Umzüge in sichere Gebiete gewähren könnte. Auf meinen schmalen, kurzen, engen paar hundert Quadratmeter werden solche Veränderungen zum logistischen Problem. Möchten die übrigen Pflanzen vielleicht auch mal Tapetenwechsel? Und ich? Wer fragt mich, ob ich nicht woanders hin will?

Gottlob gibt es nicht nur die Sommeraster, sondern auch die Glattblattaster novi belgii, eine dauerhafte bis 1 m hohe Staude, die jedes Jahr wiederkommt und fleißig blüht. Davon habe ich auch drei Stück in verschiedenen Lila-Schattierungen. Die sind wie ich: ausdauernd, anspruchslos und treu, immer am gleichen Platz. Muss man als Gärtnerin ja sein. Bodenbürtig.

Dahlien – Ein letztes Leuchten

Der September ist der Mai des Herbstes, heißt es. Und wer genug Bauernregeln kennt, kann dem September bereits ansehen, was der Winter bringt. »Ist es hell am Kreuzerhöhungstag (14. Sept.), so folgt ein strenger Winter nach.« Hingegen: »Ist der September lind, wird der Winter ein Kind.« Da weiß man eben Bescheid. Und wenn man auch noch Walnussbäume und Haselnussbüsche im Auge behält, braucht man keine meteorologischen Prophezeiungen mehr: Je nachdem, ob sie viele oder wenige Früchte tragen, wird der Winter hart oder mild. In diesem Jahr tragen sie viele, also müssen wir den Garten warm einpacken.

Und müssen uns schon jetzt einen Knoten ins Taschentuch machen: Dahlienknollen nicht vergessen! Fünf Minuten vor dem ersten Frost ausgraben! Sie überleben den Winter sonst nicht. Bei mir überleben sie leider oft nicht. Was eine einzige Minus-Nacht über der Erde glasig und matschig macht, werfe ich auf den Kompost. Und an die unterirdischen Teile denke ich häufig erst, wenn es zu spät ist. Arme Dahlien.

Sie blühen jetzt so wunderbar, ein letztes Leuchten des scheidenden Sommers. Ich weiß keine Blume mit einem ähnlich unerschöpflichen Repertoire an Farben und Formen. Mehr als 1.200 Sorten werden in Deutschland gezüchtet: Kaktusdahlien, Semikaktusdahlien, Schmuckdahlien, Pompondahlien, Halskrausendahlien, Mignondahlien, einfarbig, gesprenkelt, gefüllt, schlicht wie Margeriten, hoch, niedrig …

In der Pflege sind sie anspruchslos, viel Sonne, genügend Wasser, einen Stab, der ihre mitunter sehr schweren Köpfe stützt – mehr brauchen sie nicht. Kritisch ist allein die Zeit des Frühsommers, wenn sie austreiben. Da wäre eine eigens angestellte Pflegeperson erforderlich, die ununterbrochen aufpasst, dass ihre knackig-zarten Sprossen nicht ratzeputz von den Schnecken gefressen werden.

Von Geburt ist die Dahlie Mexikanerin, sie war »die Blume für Götter und Halbgötter, Kaiser und Königinnen«, schreibt der Gartenschriftsteller Johannes Roth. Die ersten Dahlien Europas blühten 1790 im Botanischen Garten von Madrid. 1803 schickte Alexander von Humboldt mexikanischen Dahliensamen nach Berlin. Manche Gartenarchitekten mögen sie nicht so gern, sie sind ihnen zu vulgär, zu aufdringlich bunt und lustig. Sogar die berühmte Gärtnerin Vita Sackville-West, die auf ihrem weitläufigen Parkgrund in England weiße Gärten, blaue Gärten anlegte und edle Farbkompositionen bevorzugte, hatte etwas gegen Dahlien.

Bei mir wachsen sie kunterbunt durcheinander. In Farben, die nicht immer zusammenpassen, Gelb neben Rosa, Lila neben Orange. Oft auch stehen vorn die großen, dahinter die kleinen Sorten – vor allem dann, wenn es mir gelungen ist, die Knollen zu überwintern. Daran, dass man an jede Knolle einen Zettel hängen müsste mit Angaben über Farbe und Wuchshöhe, habe ich bis jetzt noch nie gedacht. Sie gefallen mir auch so. Es gefällt mir, dass »sie uns mit unverwüstlicher Lebenslust bis ans Ende des Jahres begleiten und ihre samtenen Brüste öffnen, bis der kalte Schnee in sie fällt«, schrieb der Dichter Gottfried Keller im »Grünen Heinrich«.

Marienkäfer – Sieben Punkte bringen Glück

Dieser Winter wird mir Glück bringen, ganz ohne Zweifel. Marienkäfer bringen doch Glück, oder? Gestern Vormittag saßen auf dem Fenstersims meines Gartenhäuschens mindestens zwanzig Stück, schön rot und mit exakt sieben Punkten auf den kleinen Flügeln. Saßen da und sonnten sich. Dann fing einer an, seine Flügel zu spreizen, und wie auf Verabredung surrten sie alle davon, in den blassblauen Herbsthimmel hinein wie eine Schar winziger Vögel. Das Glück haben sie dagelassen, darauf vertraue ich ganz fest.

Marienkäfer, Siebenpunkt, Sonnenkälbchen, Ladybird, Jungfrauenvogel heißen sie in verschiedenen Gegenden, auf Lateinisch Coccinella septempunctata. Unter den viertausend Arten auf der ganzen Welt gibt es auch eine gelbe Sorte mit vierzehn Punkten und dem komplizierten Namen Propylaea quatuordecimpunctata. Solche saßen nicht bei mir auf dem Sims, und ich wüsste auch gar nicht, ob sie ebenfalls Glück verheißen. Bei roten mit zwei Punkten ist es auch ungewiss. Es müssen schon sieben sein, und warum sich die Natur auf solche Zahlenspiele einlässt, weiß niemand.

Dass Marienkäfer wie Zugvögel im Frühjahr und im Herbst große Strecken (bis zu 500 km) zurücklegen, ist auch weithin unbekannt. Sie fliegen zum Beispiel von Norderney nach England, wo es milder ist, von Bayern bis in die Südseite der Alpen, überwintern in irgendwelchen geschützten Ritzen und fliegen im Frühling zurück in die Gärten, in denen sie aus dem Ei geschlüpft sind. So steht es in dem Buch »Die Geheimnisse der Insekten« von Richard Gerlach.

Auch die winzigen gelben Flecken, die sie bei mir auf dem Fensterblech hinterlassen haben, gehören zu diesen Geheimnissen. Gelbes Blut, das sich aus einem Beingelenk absondert, bitter schmeckt und schlecht riecht. Damit schreckt das Käferchen fresslustige Vögel ab. Eidechsen, Spinnen und Mordwanzen allerdings lassen sie sich den Appetit davon nicht verderben.

Der größte Feind des Marienkäfers ist allerdings der Mensch, der in seinem Garten jede einzelne Blattlaus mit Gift vernichtet. Das trifft die roten Glücksbringer hart, denn von Blattläusen ernähren sie sich ausschließlich. Fünfzig Stück pro Tag verzehrt ein einziger Käfer. Und wenn erst die Marienkäferkinder aus den weißen Eihäufchen, die die Mütter an den Unterseiten von Blätter ablegen, geschlüpft sind, geht die Schmauserei erst richtig los.

Seit ich das weiß, benütze ich künftig selbstverständlich kein Spray mehr. Im Gegenteil, Blattläuse sind mir willkommen. Liebe Marienkäferchen, auf meinem Holunderstrauch sitzen immer ganz viele, meist schwarze. Schmecken die grünen besser? Manchmal entdecke ich auch rötliche, besonders saftig aussehende Läuse. Der Tisch ist reichlich gedeckt. Ich hoffe, die Käferschar, die sich bei mir zum Weiterflug gesammelt hat, kommt im Frühjahr mit der ersten warmen Sonne zurück. Glück kann man ja immer brauchen.

Rasenmähen

Zum letzten Mal in diesem Jahr hole ich den Rasenmäher aus der Garage. Es hat viel geregnet, das Gras sieht rupfig aus, Herbstlaub liegt darauf. Nichts mehr vom Smaragdschimmer des Sommers, Gottlob auch keine Grasmilben mehr, die sind ertrunken oder erfroren. Der letzte Schnitt ist fällig. Tief unten träumen schon die Schneeglöckchen – aber zuerst wird jetzt der Frost kommen, dann der Schnee. Der letzte Schnitt stimmt mich immer melancholisch. So kurz war das Jahr mit Löwenzahn und Margeriten.

Ich habe mir einen neuen Rasenmäher gekauft, einen, der anspringt, ohne dass ich vor lauter Starterkabelziehen einen Herzinfarkt oder eine Sehnenscheidenentzündung im rechten Arm kriege. Dann, sagte mein Gartenartikelverkäufer, müssen Sie einen elektrischen nehmen. Mit 30 m Schnur und einem zwischengeschalteten Sicherheitskästchen, falls ich die Schnur durchmähe. Na ja, so ein bisschen Schnur. Inzwischen kenne ich die Tücken. Leise schnurrend und abgasfrei gleitet der Mäher über die Wiese. Die Schnur habe ich teils um den Hals, teils um den Oberkörper gewickelt, ich schleudere sie wie ein Lasso mal nach rechts, mal nach links, und dreimal wäre ich schon beinahe mit dem Messer drübergefahren. Aber er springt brav an, das muss man ihm lassen.

In welchem Land der Rasenmäher erfunden wurde, ist eine leicht zu beantwortende Frage. In England natürlich, von Mister Edwin Budding aus Stroud in Gloucestershire im Jahr 1831. »Die ehrenwerten Landmänner werden die Verwendung meiner Maschine eine höchst vergnügliche, nutzbringende und gesunde Angelegenheit finden«, pries er. Die Landmänner zeigten wenig Begeisterung, die Park- und Golfplatzbesitzer schon mehr. Für sie wurde der Apparat von Pferden gezogen, denen man Gummistiefel anzog, damit sie den schönen Rasen nicht zertrampelten.

Es folgten immer neue Verbesserungen, zum Beispiel eine dampfgetriebene Mähmaschine. Der erste elektrische Rasenmäher aber kam erst viel später auf die Welt, entwickelt von der deutschen Firma Wolf im Jahr 1958. Während ich durch den Garten kurve, abschalte, wieder anschalte, mit dem Kabel um mich schmeiße, erinnere ich mich an den Rasenmäher, den wir mal vor langer Zeit hatten: ein Spindelmäher, ausschließlich von der Kraft der Gärtnerin angetrieben, ganz gefahrlos zu bedienen. Ging doch auch …

Wenn ich demnächst im Lotto gewinne, kaufe ich mir vielleicht einen kleinen Robotermäher, den ich im Liegestuhl liegend fernbedienen kann. Gibt es. Aber vielleicht mache ich auch ganz was anderes: »Rent a Sheep – statt Rasenmäher!«, las ich kürzlich in einer Gartenzeitung. »Machen Sie mit bei der Aktion ›Lebendiger Rasenmäher‹– Leihen Sie sich einen naturschonenden Streichelrasenmäher!« Gefördert von der Stiftung Naturfonds. Die Abbildung eines niedlichen Schafs schaut mich an. Mäh, wird es machen. Und den ganzen Tag mähen. Ich würde es Käthe nennen. Aber das Schaf auf dem Foto hat große Hörner, das irritiert mich ein bisschen.

Ich schiebe Käthe – pardon, meine elektrischen Rasenmäher, wieder in die Garage und werde mir das doch noch gut überlegen.

Chrysanthemen – Salat aus dem Blumenbeet

Ein guter Freund von mir geht jedes Jahr nach Allerheiligen auf den Blumenmarkt und kauft für billiges Geld übrig gebliebene Chrysanthemen. Solche mit den großen kugelförmigen Köpfen, weiß, gelb, bronzefarben, dunkelrot. Es macht nichts, wenn sie schon ein paar braune Spitzen haben, er zupft sie sowieso ab, sagt er der Verkäuferin. Die Verkäuferin ist jedes Jahr sprachlos. Wenn sie erst wüsste, was der Kunde mit den Chrysanthemenblütenblättern macht: Salat. Sehr hübsch anzusehen, bunt gemischt, mit einer pfeffrigen Vinaigrette, apart bittersüß schmeckend.

Mein Lieblingsgericht ist es nicht, und die pompösen Chrysanthemen, mit denen man aus Tradition Gräber schmückt, mag ich auch nicht besonders gern. Sie sind fast unförmig in ihrer Pracht. In der Vase sehen sie steif und starr aus. Dass sie lange halten, kann mich nicht so recht versöhnen: Friedhofsblumen.

Die buschig wachsenden kleinblütigen Sorten in meinem Garten sind mir lieber. Ich habe sie immer »Winterastern« genannt, obwohl das falsch ist. Chrysanthemen sind keine Astern. Ihr botanischer Name ist »Dedranthema«. Sie sind frosthart, blühen jetzt im Spätherbst, ihr Laub riecht, zwischen den Fingern zerrieben, irgendwie nach Rauch und Feuer.

In China waren Chrysanthemen lange vor unserer Zeitrechnung bekannt, in Japan ernannte ein Kaiser sie zu seinem persönlichen Wahrzeichen. Nach kaiserlicher Verordnung hieß Japan nicht »Land der aufgehenden Sonne«, sondern »Land der Chrysanthemen mit den 16 Blumenblättern«, steht im Nützlichen Lesebuch für Gartenfreunde von Peter Omm. Dem Volk war es übrigens verboten, Chrysanthemen zu züchten.

Als teure Einzelstücke kamen sie dann noch nach Europa. Heute werden bei uns Tausende von Sorten gezüchtet: Anemonenblütige, Einwärtsgebogene, Pomponblütige, Löffelblütige, Spinnenblütige, Zurückgebogene. Ich liebe die Einfachen, bei denen sich die Blütenblätter wie bei Margeriten um eine gelbe Scheibe gruppieren. Sie sind besonders widerstandsfähig, für Massenzüchtungen geeignet, heißt's im Lexikon. Ein Gärtner hat mir den Tipp gegeben, die Seitenknospen abzubrechen zugunsten eines einzigen Blütenköpfchens an jedem Stängel. Dieses Köpfchen werde sich dann erheblich größer entwickeln. Also, das mache ich nicht.

Einen anderen Tipp aber will ich weitergeben, er stammt aus einem chinesischen Kochbuch: 110 g getrocknete Chrysanthemenblüten ohne Stiele mit 170 g weißem Zucker und anderthalb Liter Reiswein in einen Krug geben, luftdicht verschließen, an einem kühlen trockenen dunklen Ort ruhen lassen. Nach einem Jahr die Blüten entfernen und wegwerfen, ein weiteres Jahr stehen lassen, dann abseihen – fertig ist der Chrysanthemenwein. Er gilt als Mittel für Langlebigkeit und als Vorbeugung gegen einen hohen Cholesterinspiegel, macht den Kopf frei und regt die Nerven an.

Ein bisschen Zeit muss man sich halt nehmen. Aber Geduld haben wir Gärtner ja. Prost.

Mein Ginkgo – Stinkende Weibchen

Eigentlich wollte ich bloß Tannenzweige zum Abdecken der Rosen kaufen. Aber dann sah ich in der Baumschule den kleinen Ginkgo. 60 Zentimeter hoch, mit leuchtend zitronengelben Blättern, die allerdings abfallen werden, bevor der Winter kommt. Ein Babybaum namens Ginkgo biloba, dessen Erwachsenenalter ich vermutlich nicht erleben werde. Er wächst langsam und wird viele, viele hundert Jahre alt, wenn nichts dazwischenkommt. Irgendwann wird er ja dann vielleicht zu hoch für meinen Garten sein, vierzig Meter hoch. Tausendjährige Exemplare dieses Kalibers stehen vor japanischen Tempeln.

Ich habe meinen kleinen Ginkgo an eine windgeschützte Stelle vor der Hauswand gesetzt. Ein Ginkgo biloba verträgt keinen Wind – sonst alles. Auch Abgase mitten in der Stadt. Er breitet seine Krone auf der Fifth Avenue in New York aus und in Berlin auf dem Kurfürstendamm, wird mir gesagt.

Er ist der Überlebenskünstler auf unserer Welt, »ein lebendes Fossil«, hat ihn Charles Darwin genannt. Vor 500 Millionen Jahren gab es ihn schon. Auch hier bei uns, wo es damals noch wärmer war. Vor 100 Millionen Jahren, als die große Kälte kam, starben die Ginkgos aus. Alle – bis auf die Sorte Ginkgo biloba. Auf für die Wissenschaft noch heute rätselhaften Wegen fand diese Art eine »Nische« in China und Japan, wo sie überlebte. Als Mitbringsel von Forschungsreisenden gelangte sie um 1700 wieder nach Europa.

Zunächst wurde sie in den Botanischen Gärten von Utrecht und Leiden kultiviert. Es stellte sich heraus, dass sie leicht zu pflegen war, robust, immun gegen Krankheiten und Schädlinge. Das macht den traditionellen japanischen Tempelbaum bei uns zum beliebten Zierbaum.

So alt. So weise. Seine Blätter sind merkwürdig geformt wie kein einziges anderes Blatt auf der Erde. Sie haben keine Adern wie alle übrigen Blätter von Laubbäumen. Glatt und fächerförmig, in der Mitte geschlitzt, wachsen sie an langen Stielen aus dem Stamm. Diesem Schlitz verdanken sie ihren Namen »biloba« – zweilappig. Goethe schrieb ein Gedicht darüber: »Dieses Baumes Blatt, der von Osten/meinem Garten anvertraut/gibt geheimen Sinn zu kosten/... Ist es ein lebendig Wesen,/das sich in sich selbst getrennt,/sind es zwei, die sich erlesen,/dass man sie als Eines kennt?«

Es gibt männliche und weibliche Ginkgos. Die männlichen entwickeln kurze Kätzchen, die weiblichen pflaumenartige gelbbraune Früchte, die ranzig stinken. Sie sind deshalb als Schmuckbaum weniger beliebt. Ob ich im Garten einen Buben oder ein Mädchen habe, weiß ich nicht. Frühestens in 30 Jahren wird es zu erkennen sein. Die Kerne der Früchte riechen übrigens nicht, sie werden in der asiatischen Küche verwendet wie Pistazien. Die Blätter enthalten Stoffe, für die sich die Pharmaindustrie interessiert. Sie sollen die Fließeigenschaften des Blutes und die Sauerstoffversorgung des Gewebes fördern.

Wenn in diesen Tagen die Herbstsonne scheint, stehe ich oft lange vor meinem Ginkgo-Baby und bestaune es. Ein Wesen aus einer längst versunkenen Zeit. Ein E. T. gewissermaßen. Ich streichle seine junge Rinde.

Efeu – Pelz für die Hauswand

Man weiß nicht genau, ob er sehr schädlich ist – weil er vielleicht eines Tages eine Wand, ein Dach, eventuell sogar ein ganzes Haus zum Einsturz bringen wird. Einer, der mit seinen Haftwurzeln Steine sprengt. Oder nicht? Die Meinungen gehen auseinander. Da sind die Efeu-Hasser, und dort die, die eine nackte Hausfront ohne Efeubewuchs trostlos finden. Und auf alte Ritterburgen, Hinterhofgebäude, Bauernhöfe hinweisen, wo der Efeu seit Jahrzehnten oder sogar seit Menschengedenken die Mauern schmückt. Der Gartenliebhaber und Schriftsteller Johannes Roth zum Beispiel möchte Mut machen zum grünen Pelz: »Denn Efeu schmückt und schützt die Mauern nicht weniger als kräftigste Dispersionsfarbe, jedoch viel länger. Wo sich der immergrüne Kletterer einer leeren Wand erbarmt hat, brauchen die nächsten drei Generationen kein Gerüst aufstellen zu lassen.«

Vor zwanzig Jahren habe ich auf die unbedeckte, lediglich durch zwei Glasbausteinfenster gezierte Garage unseres Nachbarn geblickt und keinen anderen Weg gesehen als Efeu. Wie viele Setzlinge braucht man für eine 12 m lange Wand? Sechs höchstens, meinte der Verkäufer im Gartencenter. Also acht, der Laie deckt sich gern üppig ein. Vier Wochen später waren sie alle weg, abgemäht vom Rasenmäher. Ich kaufte zehn Stück und steckte neben jedes Pflänzchen einen deutlich sichtbaren Stock. Na ja, und dann wartete ich.

Efeu wächst schnell, heißt es. Für die ersten Jahre gilt das nach meinen Erfahrungen nicht. Efeu-Babys brauchen lang, bis sie aus den Kinderschuhen heraus sind und wirklich anfangen zu klettern. Wenn sie dann mal auf den Geschmack gekommen sind, klettern sie hurtig, in jedem Sommer ein bisschen hurtiger. Sie überwinden die Dachrinne, das Schneefanggitter – dieses Jahr nun habe ich die Aussicht auf dichtes Grün fast bis zum First des Nachbargarage, die Glasbaufenster blinzeln nur noch versteckt hervor. Die Regenrinne ist verstopft. Die Nachbarn sind vom Kaminkehrer davon unterrichtet worden, dass der Efeu einige Meter weit heruntergeschnitten werden muss. Von mir natürlich. Da ich selber nicht aufs Dach steigen kann, ist ein schwindelfreier Gärtnerlehrling bereits mit der Aufgabe betraut worden.

Gut. Nachbarfriede ist heilig, und Dachrinnen müssen frei sein. Aber etwas traurig bin ich schon. Mein schöner dunkelgrüner Pelz. Seit ein paar Jahren ist er sozusagen geschlechtsreif, bekommt im Sommer grüngelbe Blütenkrönchen, aus denen im Herbst schwarze Beerenbündel werden. Die allerdings – da hört jede Meinungsverschiedenheit auf – sind hochgiftig. Vielleicht gibt es deshalb ein paar abergläubische Anti-Efeu-Sprüche – zum Beispiel: »Efeu am Haus treibt die Freier hinaus.«

Ich lasse ihn also gehörig zurückschneiden, meinen guten winterharten Araliaceae, der übrigens neuerdings als Heilpflanze bei der Wissenschaft zu Ehren gekommen ist, etwa zur Bekämpfung von Krampfhusten. Wenn mein Nachbar hustet, bringe ich ihm einen schönen heißen Tee aus den schwarzen Beeren. Nein, pfui, das war natürlich ein schlechter Scherz. Entschuldigung. So hässlich sind Glasbausteinfenster nun auch wieder nicht.

Herbstrosen

»Herr: es ist Zeit. Der Sommer war sehr groß«, beginnt ein Gedicht von Rainer Maria Rilke. Ich bin nicht sicher, ob er damit gemeint hat, dass es Zeit ist, im Garten endlich aufzuräumen. Die Pracht der Blüten ist dahin. Alle abgeblühten Stauden müssen abgeschnitten werden. Im Komposthaufen warten hunderttausend fresslustige Würmer darauf, wieder Erde daraus zu machen. So ähnlich wie bei uns Menschen auch – im November können einen im Garten mancherlei melancholische Gedanken anfliegen.

Dagegen hilft Arbeit. Unglaublich viel Unkraut kommt beim Aufräumen zum Vorschein. Ausrupfen. Auch etliche Schönheiten vergangener Tage müssen ausgerupft werden. Das kaukasische Vergissmeinnicht hat sich hemmungslos vermehrt, die Silbertaler auch. Schließlich soll im nächsten Jahr immer irgendetwas blühen, nicht alle von derselben Sorte zur gleichen Zeit. Einer meiner Nachbarn erledigt diese Aufgaben bereits Ende September, wenn einige Pflanzen noch blühen. Weil da das Wetter schön ist, trocken, und man nicht an den Händen friert.

Kann sein, aber ich bringe das nicht über mich. Ich warte mit dem Vernichten und Selektieren bis zum letzten Termin, bis sie im Radio Nachtfrost voraussagen. Manche Gartenzeitungen raten, die abgeblühten Stauden stehen zu lassen für den Raureif und die malerischen kleinen Häubchen aus Schnee. Aber da, wo ich wohne, bewährt sich das nicht. Wir haben viel Schnee, der alle aufrechten Stängel niederdrückt. Das sieht dann bei Tauwetter auch für den ökologischen Blick richtig schlampig aus.

»... und auf den Fluren lass die Winde los«, geht es bei Rilke weiter. Ach, und die Winde fegen unaufhörlich Blätter auf Wiese, Wege und Terrasse, jeden Tag aufs Neue. Ich kehre und reche Häufchen in den Gartenecken zusammen, damit Igel einen warmen Unterschlupf haben, Eidechsen und Käfer. Gelbe, goldene, rote Blätter. »Das Blut der Bären« nannten die nordamerikanischen Indianer die gefallene Pracht leuchtend roter Ahornblätter. Die verstorbene Fürstin Gracia Patricia hat daraus hübsche Trockenbildchen geklebt, die auf Wohltätigkeitsbazaren reißenden Absatz fanden. Ich stelle mir vor, wenn ich so was machen würden – wer würde das kaufen?

In diesem Spätherbst haben meine Rosen noch einmal angefangen zu blühen. Die schneide ich noch nicht ab. Sie mögen nicht im warmen Zimmer in einer Vase stehen. Da werden sie gleich braun und hässlich. Sie wollen, denke ich mir, draußen in der kälter werdenden Luft eines natürlichen Todes sterben. Meine wunderschöne »Queen Elizabeth«, meine »Gloria Dei«, meine Miniaturrose »Little Girl«, meine Kletterrose »Stern von Holland«, mein Hochstämmchen »Schneewittchen«. Ich tröste sie und mich, ich versichere ihnen, dass ich sie bald in eine warme Laubdecke packen werde. Wartet nur, sage ich, im nächsten Jahr habt ihr es wieder gut. Im schönen großen Sommer, wenn euch die Blattläuse besuchen und die vielen Marienkäferchen.

Fuchsie im Kartoffelkeller

Manchmal wird einem bewusst, dass man nicht mit den richtigen Leuten verwandt ist, zum Beispiel mit keinem Gärtnereibesitzer. Eine Freundin von mir hat so einen als Vetter. Wenn es Herbst ist, ruft sie ihn an: »Leo, hol die Pflanzen.« Dann kommt Leo mit einem Lieferwagen und holt die Pflanzen meiner Freundin ab: zwei Oleanderkübel, eine Engelstrompete, zwei Margaritenhochstämme, ein Dutzend Fuchsien. Sie werden zum Überwintern in einem seiner Gewächshäuser einquartiert. Im Frühjahr bringt er sie in frischer Erde, erholt, zurechtgestutzt, vorbeugend gegen allerlei Schädlinge und Pilzkrankheiten behandelt wieder zurück.

Ich habe keinen Leo, leider. Immer wieder, bevor die große Kälte einbricht, stehe ich da mit meinen Topfpflanzen. Wohin? Und wann? Und wie? »Wirklich problematisch wird die Kübelkultur, wenn es um die Frage der richtigen Überwinterung geht«, steht zutreffend in meinem Garten-Ratgeberbuch. Hell und kühl (um 10 Grad) wäre am besten. In dunklen Räumen darf nicht zu viel (Wurzelfäule), aber auch nicht zu wenig (Ballentrockenheit ist tödlich) gegossen werden. Die Pflanzen sollen gekürzt, entlaubt werden. Ganz wichtig ist genügend Frischluftzufuhr. Also Fenster auf, aber natürlich nicht bei Frost.

Einmal habe ich versucht, meine Fuchsien im noch blühenden Zustand ins Wohnzimmer zu verlegen. Eine Woche später flog bereits eine Wolke weißer Fliegen auf, wenn ich nur daran rührte. Jemand empfahl mir, die Töpfe in Plastikfolie zu hüllen und die oberirdischen Teile in der Badewanne mit mildem Seifenwasser zu shampoonieren. Mühsam. Hinterher waren die weißen Fliegen hin, und die Fuchsien auch. Im nächsten Jahr verbannte ich sie in den Keller zu den Kartoffeln. Sie bildeten lange bleiche Triebe und boten einen jämmerlichen Anblick, als sie im Mai wieder auf die Terrasse durften.

Die Geranien bekamen im Keller Mehltau. Sie starben nicht, aber es dauerte bis Ende Juli, ehe sie endlich wieder Knospen bekamen. Inzwischen schneide ich sie nicht mehr zurück, sondern lasse sie in meinem Arbeitszimmer einfach den ganzen Winter über weiterblühen. Das gefällt ihnen besser, obwohl das in keinem Gartenbuch steht. Nur: So geht es nun im dritten Jahr, sie sind riesig geworden. Gewaltige, schier nicht mehr tragbare Büsche.

Mein Oleander bekommt im Winter, wohin ich ihn auch stelle, Schildläuse. Die suche ich wie eine brave Affenmutter einzeln ab und zerquetsche sie. Meine Hände färben sich blutig. Und die Margeriten? Vergiss sie. Obwohl sie mir Leid tun, werfe ich sie im November auf den Kompost. Sie sind mir immer in den langen dunklen Monaten vertrocknet.

Leo, wo bist du? Sollte ich noch einmal auf die Welt kommen und wieder keinen Leo in der Verwandtschaft haben, so werde ich gezwungen sein, einen zu heiraten. Im nächsten Leben. Mit eigenem Gewächshaus. Dann wird endlich alles gut.

Azaleen – Kapriziöses Luder

Azaleen blühen zweimal. Zuerst im Spätfrühling, meist ein bisschen vor den Rhododendrenbüschen, zu deren riesiger Familie sie ja gehören. Sie unterscheiden sich durch den zarteren Wuchs und die Angewohnheit, im Herbst ihre Blätter abzuwerfen. Und dann meine ich mit der zweiten Blüte: Bevor sie fallen, färben sich die schmalen Blätter wunderschön von zitronengelb bis grell pink und leuchtend rot. Zweimal Feuerpracht im Garten.

Rhododendren sind aus Ostasien, ein paar Sorten auch aus Südamerika zu uns gelangt. In chinesischen und japanischen Gärten blühten sie als Symbole für die Schönheit der Frauen – poetische, zarte Huldigungen. Azaleen waren gewissermaßen die Nebenfrauen. Sie erschienen bei uns erst zu Beginn des 19. Jahrhunderts. Die belgische Stadt Gent war das Zentrum der Azaleenzüchtung. Alle Jahre werden seither neue, immer schönere Sorten entwickelt, um die 500 sind es inzwischen. Als eine der schönsten gilt die »Coccinea speciosa«, orange-rosafarbene Blüten mit einem orangefarbenen Fleck. »Nancy Waterer« duftet, »Narcissiflora« hat kleine gefüllte Blüten.

Ich hatte mal eine blaue Azalee. Na ja, nicht ganz himmelblau, sondern lavendelfarben. Aber das ist auch eine Seltenheit. Azaleen sind winterhart, lieben den Halbschatten und sind völlig zufrieden, wenn man sie regelmäßig mit Feuchtigkeit und Moorerde versorgt. Kalk mögen sie nicht, Wind auch nicht sehr. Meine zauberhafte Blaue hieß »Shiko« aus der Familie der Satsuki-Azaleen. Eine Japanerin also. Irgendetwas hat ihr bei mir wohl nicht gefallen. Sie blühte ein paar Jahre lang im Mai. Dann hatten wir einen sehr kalten Winter, und sie erfror. Ich hätte sie dick mit Laub und Stroh einpacken sollen. Zu spät las ich nach, dass die Satsukis nur bis minus 12 Grad frosthart sind und außerdem empfindlich gegen direkte Sonnenbestrahlung.

Was nicht gedeiht, soll man rausschmeißen, sagt die englische Gärtnerin Vita Sackville-West. Und etwas anderes pflanzen. Der immer wieder neue Versuch ist ihrer Erfahrung nach Zeitverschwendung. Also habe ich keine Shiko mehr gesetzt, obwohl es mir um die schöne japanische Frühlingstänzerin sehr Leid getan hat.

Weil ich Azaleen so liebe, habe ich natürlich im Winter auch welche im Wohnzimmer. Kapriziöse Luder sind das, wenn man ihrem Ruf Glauben schenkt. Da sie zu den so genannten Kalthauspflanzen gehören, passen sie eigentlich überhaupt nicht in eine mollig-warme Dezemberwohnung. Wer hat schon das erwünschte 15 Grad-Zimmer mit Nordfensterbank?

Eines Tages habe ich beschlossen, dass ich meine Azaleen so behandle, wie es mir möglich ist. Ich stelle sie ans Südfenster, ich drossle die Heizung nur nachts. Achte allerdings darauf, dass das Wasser durch Abkochen entkalkt ist, mit dem ich sie gieße. Und dass ihre Erde immer schwach feucht ist. Sie haben sich dran gewöhnt, blühen bis zur letzten Knospe, und dann stelle ich sie den Sommer über ins Freie an einen kühlen, schattigen Fleck. Dieser Tage habe ich sie wieder hereingeholt, ihnen ein paar Tage Quarantäne im Hausgang verordnet. Jetzt freuen sie sich, dass sie es schön warm im Wohnzimmer haben. Ich kann es ihnen ansehen: Sie haben viele Knospen angesetzt.

Winter

Weltwunder – Das Garagenwunder

Wenn die Phloxstauden abgeschnitten und die Rosen angehäufelt sind, hat die Gärtnerin Zeit für phantastische Pläne. Wäre es nicht herrlich, eine Art Dachgarten auf dem flachen Garagendach anzulegen? Mit robustem Sempervivum, allerlei niedrigem Gesträuch, mit wildem Mohn und Thymian und über die Kante hängendem Grün? Ein Bio-Wundergarten über meinem Auto, wie ich ihn kürzlich in einer Gartenzeitschrift abgebildet gesehen habe. Hübsch sah das aus. Ähnlich wie die hängenden Gärten auf den Palastdächern von Babylon – so ungefähr stelle ich mir alles vor.

Eines der sieben Weltwunder: die Gärten der Semiramis in Babylon. Etwa 400 Jahre vor Christus von König Nebukadnezar für seine geliebte Gemahlin angelegt. Die babylonische Landschaft ist bretteben, ähnlich wie mein Garagendach. Das gefiel der Königin nicht, die aus einer bergigen Heimat kam. Und weil bei Königs nichts unmöglich ist, ließ Nebukadnezar einen stufenförmigen, von starken Mauern und Säulen gestützten Berg aufschütten, »abgedeckt mit Blei, abgedichtet mit Pech, darauf Humus tief genug für die Wurzeln der größten Bäume«, schildert ein Altertumsforscher. Übrig geblieben ist davon nichts mehr, wir sind auf die (nicht ganz verlässlichen) Zeugnisse von Dichtern wie Homer angewiesen: »Ragende Bäume standen darinnen, in üppigem Grünen, Birnen, Granaten und Äpfel, behangen mit prächtigen Früchten, dazu noch köstliche Feigen, Oliven in prangender Fülle«, heißt es in der »Odyssee«.

Überreste von Bewässerungsanlagen sind entdeckt worden. Über Pumpen und Schächte kam vermutlich das Wasser aus dem Euphrat nach oben. In meinem Fall wird das etwas schwieriger werden. Es müssen ja nicht unbedingt Birnbäume sein, aber 25 Zentimeter Erde wiegen auch einiges. Die Bewässerung muss ich dem Himmel überlassen. Aber was ist, wenn Wolkenbrüche niedergehen? Oder wenn es sieben Wochen gar nicht regnet? Wird mein babylonischer Garten als Erdrutsch in der Einfahrt landen? Oder vertrocknen? Ich sehe mich bereits mit einem Gartenschlauch auf der Leiter stehen – und ich bin doch nicht schwindelfrei ...

Ach, wäre ich doch eine Königin. Dann würden so kleinliche Bedenken und Berechnungen keine Rolle spielen. Sie könnte einen Plan haben, und irgendjemand müsste ihn verwirklichen, Geld spielt keine Rolle. So stehe ich auf dem Balkon und schaue skeptisch auf mein Garagendach hinunter. Viermal acht Meter. Ein Weltwunder lässt sich daraus kaum zaubern.

Und dann entdecke ich auf der dünnen Kiesdecke ein Pflänzchen. Ganz ohne mein Zutun hat es sich unbemerkt angesiedelt. Wartet nun halb erfroren auf den Winter und das nächste Frühjahr. Ein Löwenzahn, soweit ich erkenne. Auch gut. Ich vergesse meine Palast-Vorstellungen und male mir ein Meer von goldgelben Blüten, anschließend flaumig-weißen Kugeln aus. Löwenzahn braucht gar nichts, er vermehrt sich überall, warum nicht auf meinem Dach? Und außerdem meinen manche Historiker, dass es die hängenden Gärten der Semiramis vielleicht gar nicht wirklich gegeben hat, dass sie bloß eine dichterische Phantasievorstellung waren. Also, dann. Löwenzahn muss übrigens auch nicht bewässert werden.

Die erste Blume (Wie alles anfing)

Das Schöne am Garten ist ja eigentlich die Arbeit. Arbeit mit den Händen, der Kopf darf sich ausruhen. Er schwitzt, das tut ihm gut. Die Erde fühlt sich wohlig an, Wurzelballen werden in nahrhafte mit Torf angereichtere Löcher versenkt, die Augen sehen bereits das, was hier in ein paar Wochen oder Monaten blühen wird. Irgendwie ist die Welt im Lot, alles hat seinen Sinn.

Wie sagt doch das chinesische Sprichwort? »Willst du eine Stunde glücklich sein, dann betrinke dich! Willst du drei Tage glücklich sein, dann heirate! Willst du eine Woche glücklich sein, dann schlachte ein Schwein! Willst du ein Leben lang glücklich sein, dann werde Gärtner!«

Ein Garten als Glücksverheißung. Nach der Bibel ist der erste Gärtner der liebe Gott persönlich gewesen. »Und Gott der Herr«, heißt es da, »pflanzte einen Garten in Eden gegen Morgen, und setzte den Menschen drein, den er gemacht hatte, und ließ aufwachsen aus der Erde allerlei Bäume, lustig anzusehen und gut zu essen, und den Baum des Lebens mitten im Garten und den Baum der Erkenntnis des Guten und Bösen. Und es ging aus von Eden ein Strom, zu wässern den Garten …« (1. Buch Mose)

Sogar ans Gießen hat er gedacht, der liebe Gott. Das Wort Paradies übrigens leitet sich aus dem Altpersischen ab und bedeutet Umzäunung, Umwallung. (So bildet sich die Gärtnerin, wenn sie sich in der winterlichen Arbeitspause in kluge Bücher vertieft …!)

Die Sehnsucht nach diesem Garten haben Adam und Eva also offenbar nach ihrer Vertreibung aus dem Paradies mit hinausgenommen in die raue Welt. In jeder Art von Erde, in steiniger, dornenbedeckter, dürrer, sumpfiger hat der Mensch seither versucht, ein Abbild zu schaffen. In Mesopotamien, im Vorderen Orient, im alten Rom, in Afrika, Indien, China, Japan – überall sind Gärten angelegt, umfriedet, gepflegt und mit Entzücken betrachtet worden. Die Arbeit darin war allerdings kein Hobby, wie eine Schilderung aus dem 2. Jahrtausend vor Christus verrät: »Der Gärtner trägt das Joch; seine Schultern sind wie vom Alter gebeugt. Er hat so viele Geschwüre auf seinem Nacken, dass dieser einer eitrigen

Wunde gleicht. Des Morgens gießt er das Gemüse, des Abends die Bäume. Dann fällt er todmüde um.«

Alle Blumen dieser Erde stammen von drei ursprünglichen Arten ab: der Wasserlilie, einem dem Sternen-Anis verwandten Kraut und einem magnolienähnlichen Busch. Das hat ein Forscherteam der Harvard-Universität erst kürzlich herausgefunden. Welche Pflanze als Erste Blüten trieb und nach welchem Plan sich die hunderttausendfach verschiedenen Blumenarten auseinander fächerten, das ist bis heute nicht erklärt.

Nun beeilt euch mal, möchte ich den Wissenschaftlern ans Herz legen. Denn ich hätte schon gerne Gewissheit. Unter meinem Brombeerstrauch spitzen bereits ganz zaghaft die Schneeglöckchen hervor. Das Wunder ihrer weißen, grün gesäumten Glöckchen, die zarten gelben Köpfchen des Winterlings – auf welchen langen Wegen ist so viel Schönheit in meinen ganz persönliche Garten Eden gekommen?

Mein schüchterner Kaktus

Pflanzen können nicht sprechen, aber sie sind lebende Wesen mit einer Seele. Hobbygärtner wissen das längst. (Von Massenzüchtern und Gewächshauskäfigen ist hier nicht die Rede.) Neuerdings interessiert sich auch die Wissenschaft für das pflanzliche Eigenleben, für Hass und Liebe, Freundschaften und Mobbing in der botanischen Welt. Warum verkümmern Bohnen, wenn sie neben Zwiebeln gesetzt werden? Warum verabscheuen sich Narzissen und Tulpen in einer gemeinsamen Vase? Warum verbreiten Tagetespflänzchen im Staudenbeet und Lavendelbüsche zwischen Rosen so offensichtlich ein gedeihliches Klima? Es ist anerkannt, dass es so ist. Über die Gründe wird geforscht.

Jeder macht seine persönlichen Erfahrungen mit der Sensibilität der ihm anvertrauten Gewächse in Heim und Garten. Ich habe einen Kaktus, der sich hartnäckig weigert, im Aussichtsfenster des Wohnzimmers vor aller Augen Knospen anzusetzen. Stelle ich ihn ins abseitige Gästezimmer, überrascht er mich mit vielen kleinen rosaroten Knöpfen, die sich zu herrlichen Blüten entwickeln. Dann verliert er auch seine Schüchternheit und lässt sich öffentlich bewundern.

Hibiskus möchte, dass man sich täglich ein bisschen mit ihm unterhält. Aber sein Topf darf nicht verrückt werden, sonst wirft er die Blüten ab. Draußen wollen Margeriten, Rosen, Tulpen im Mittelpunkt stehen. Veilchen, die zerbrechliche Schachblume, Iris und Dreimasterblume leben lieber in Zurückgezogenheit. Einen kränkelnden Rittersporn habe ich geheilt, indem ich auf Anraten einer alten Gärtnerin Kamille um ihn herum aussäte.

Was die Ernährung betrifft, so kann man den Pflanzen natürlich Fastfood in Form von Volldüngerkörnchen anbieten. Dankbarer sind sie für spezielle Leibspeisen. Die berühmten englischen Schwestern Maureen und Bridget Boland schreiben in einem ihrer Gartenbücher: »Alles, was man selber isst, schmeckt auch unseren Pflanzen gut.« Sie düngen ihre Rosen mit abgeschöpftem Fett, verteilen Knoblauchzwiebelchen, Kaffeesatz und Bananenreste im Garten. Kaffee macht munter, Bananen enthalten Kalk, Magnesium, Schwefel, Phosphor, Natrium und Kieselsäure. Honigwasser »besänftigt den Boden«. Apfelbäume verleiben sich gerne die letzten Äpfel ein, die im Herbst unter ihren Kronen verrotten.

Der Fall eines Kastanienbaums beschäftigte Experten der Staatlichen Hochschule Weihenstephan: Rätselhafterweise überlebte er als Einziger das im Viertel grassierende Kastanien-Sterben. Die Wissenschaftler ermittelten, dass er von den Kellner der benachbarten Bierwirtschaft stets mit Resten aus den Bierkrügen gegossen worden war. Wir dürfen daraus schließen, dass Kastanien Bier mögen. Wie menschlich.

Wir Garten- und Pflanzenliebhaber wissen schon lange, dass unsere Lieblingsbeschäftigung ein bisschen was mit Magie zu tun hat, mit einem geheimnisvollen Zauber, der sich nicht in Gießen und Umtopfen erschöpft. Von einer Tante habe ich einen alten Pfennigbaum geerbt. »Solange er lebt, geht dir das Geld nicht aus«, sagte sie. Es beruhigt mich außerordentlich, dass er auch dieses Jahr wieder Triebe angesetzt hat. Ich tränke ihn gelegentlich mit verdünnter Buttermilch.

Hungrige Vögel

»Warmblüter mit Federn«, steht unter dem Stichwort Vogel im Lexikon. »Sie sind aus leichterem Stoff als wir, sie gehen nicht auf schweren Sohlen über die Erde«, schwärmt der Tierforscher Richard Gerlach. »Das Herz der Vögel ist sehr groß. Die Temperatur ihres Blutes liegt um drei bis sieben Grad höher als unsere. Das Leben brennt heißer in ihnen. Wenn man einen Vogel in der Hand hält, fühlt man es. Und doch hat er nur wenig Gewicht; denn selbst die Knochen sind mit Luft gefüllt.«

Wunderwerke der Natur. Was mich betrifft, so habe ich allerdings ein zwiespältiges Verhältnis zu ihnen. Ich liebe sie, wenn sie im Frühling anfangen zu singen – so hell und triumphierend am Morgen, so süß und sehnsuchtsvoll an Regenabenden. Und ich hasse sie, wenn sie ein paar Wochen später meine Kirschen fressen. Alle. Nicht mit Stumpf und Stiel, die Kerne und Stängel werden sie extrafrech vor die Terrassentür. Mehr als eine Schüssel voll lassen sie selten übrig. Meine Kirschen sind offenbar besonders süß. Vielleicht liegt es auch daran, dass in meinem Garten der einzige Kirschbaum der Umgebung steht.

Im nächsten Winter, schwöre ich wütend in jedem Sommer, kommt mir kein Vogelhaus mit Sonnenblumenkernen und Fettknödeln mehr vors Haus. Sollen sie doch verhungern und erfrieren, die Amseln und die Meisen und das ganze Zeug. Ach Gott, und dann wird es wirklich kalt, und der Schnee fällt. Vögel, die nicht in den Süden ziehen, haben es bei uns schwer mit ihrem bisschen heißen Blut und der Luft in den dünnen Knochen. Zwölf Stunden ohne Nahrung halten sie überhaupt nicht aus.

Ich klebe frische Dachpappe auf das Vogelhaus im Gartenschuppen, fülle Sonnenblumenkerne hinein und befestige es auf dem Sonnenschirmständer. Natürlich so, dass keine Katze dran kann. In meiner Frühzeit als Vogelmutter habe ich das Häuschen aufs Terrassenmäuerchen gestellt. Da saß dann eines Tages eine große dicke Katze mitten auf dem Dach und hat sich geholt, was ihr schmeckte. Als ich das Vogelhäuschen an einen Ast hängte, war das nicht viel besser. Da saß sie halt dann auf dem Ast.

Es spricht sich schnell herum, dass es bei mir nicht nur Kirschen gibt, sondern auch Kerne und Erdnüsse und nahrhaften Rindertalg. Selbstverständlich kein Brot, davon bekämen meine Schützlinge Bauchweh. Ich sitze hinter dem Fenster und schaue ihnen zu: den Amseln, deren Federkleid ganz struppig aussieht. Aber wenn die Wintersonne scheint, fangen sie schon mal an, ein bisschen Gesang zu üben. Das finde ich sehr rührend. Die Meisen springen herum, Kohlmeisen, Blaumeisen, runde Bällchen, die keinen Augenblick stillhalten. Spatzen kommen in Gruppen zu Besuch und streiten sich furchtbar, obwohl ich zwei- bis dreimal am Tag genügend Futter nachreiche. Ein Dompfaffenpärchen tritt im wunderschönen Federkleid mit rotem Brustschmuck auf. Manchmal melden sich schon im Februar zwei schüchterne Bachstelzen aus Afrika zurück. Jede Art, fällt mir auf, redet nur mit ihresgleichen, »kix kix«, oder »zink-zerink«, Amseln unterhalten sich, haben Ornithologen beobachtet, immer nur in G- und C-Dur.

Ich habe einen Besen an der Hauswand lehnen, mit dem ich gelegentlich einen rüden Eichelhäher vertreibe, der die kleinen Genossen mit wildem Schrei in die Flucht schlagen will. Jetzt im Winter liebe ich meine Vögel ganz besonders. Angesichts des kahlen Kirschbaums sage ich mir, dass es Kirschen ja auch zu kaufen gibt – irgendwann im fernen Sommer.

Weihnachtsstern

Einmal bin ich im Urlaub in Hawaii gewesen – und bin ganz mutlos wieder nach Hause gefahren zu meinem kleinen, kümmerlichen Garten. Kümmerlich kam er mit jedenfalls vor nach der Blütenorgie auf den Inseln im Pazifischen Ozean, wo die Pflanzen nicht nur wachsen, sondern geradezu platzen vor Duft und Saft und Farbenpracht. Und man muss sich gar nicht um sie kümmern – keiner gießt, harkt, schwitzt und schuftet. Der Himmel macht alles von alleine. Er lässt regnen und die Sonne scheinen. Die Menschen singen und die Blumen blühen, so jedenfalls kommt es dem Touristen vor, der schon am Flughafen mit Blütenkränzen begrüßt wird und mit einer Duftwolke, als sei ganz Hawaii eine Parfümfabrik.

Gleich am ersten Tag habe ich ihn gesehen. Meinen Winterliebling. Meinen Adventsbegleiter. Meinen Weihnachtsstern. Daheim kaufe ich ihn Ende November im Topf und stelle ihn als Stimmungsmacher ins Zimmer. Hier wuchs er wild am Wegesrand, an jeder Straßenecke, neben dem Abfallkorb an der Tankstelle, überall in der freien Landschaft. Meterhoch als Busch, in sommerlicher Fülle, mit rot leuchtenden Blütentellern mitten in der Sonne. Einfach so.

Bei uns gibt es ihn mit den ersten Herbstnebeln im Geschäft in Rot, Rosa, Weiß, Gelb. Ich nehme ihn immer in Rot, weil er da am wunderbarsten leuchtet, besonders in der Nähe von Kerzenlicht. Ja ja, ich weiß, es sind gar keine richtigen Blüten, bloß so genannte Hochblätter, von denen die eigentlichen knöpfchenartig unscheinbaren Blüten umkränzt sind. Eine Wolfmilchsart mit einem weißen gummiartigen Saft in den Stängeln, der angeblich giftig ist. Ein naher Verwandter des Rizinusstrauchs und des Kautschukbaums.

Bei mir daheim zeigt er sich gerne von der empfindlichen Seite. Ich bin noch nicht dahinter gekommen, warum er manchmal schon nach ein paar Tagen seine roten und grünen Blätter verliert. Ich befolge alle Ratschläge, gieße mäßig und immer nur mit mäßig warmem Wasser. Ich dünge ihn tröpfchenweise. Und doch habe ich manchmal Pech. Manchmal aber auch Glück. Es ist schon vorgekommen, dass er noch an Ostern schön rot, nur ein bisschen staubig am Fenster stand.

Noch nie ist es vorgekommen, dass ich ihn ein zweites Mal zum Blühen gebracht habe. Man soll ihn dazu mindestens zwei Monate ins totale Dunkel stellen. In den Fahrradkeller, wo ich auch die Kartoffeln lagere. Bisher hat noch kein Weihnachtsstern daran Gefallen gefunden. Sie sind alle gestorben, bevor ich sie wieder ans Licht holte.

In Hawaii habe ich irgendwie begriffen, warum. Sie mögen Sonne und Licht, sie mögen Wärme und feuchte schwere Luft, sie mögen Tautropfen und vielleicht auch das Murmeln von Quellen. Auf den Hawaii-Inseln murmelt immer irgendwo Wasser. Sie mögen das Paradies. Da kann man nichts machen: Das kann ich meinem Weihnachtsstern bei mir nicht bieten. Natürlich habe ich mir auch dieses Jahr wieder einen gekauft. Dass er mir ein bisschen Leid tut, jetzt, wo ich seine Heimat kenne, ändert nichts an meiner Zuneigung.

Festliche Nieswurz

Der Garten schläft. Man kann ihn auch weniger poetisch beschreiben: Er ist schmutzig, sumpfig, braun und kahl. Einmal ist in diesem Jahr schon Schnee gefallen und hat die Beete gnädig bedeckt. Und eines Morgens schauten sie aus dem weißen Schnee mit ihren weißen, zart rosa gepuderten Blüten heraus: meine Christrosen. Seit mehr als zwanzig Jahren blühen sie in der Weihnachtszeit am selben Fleck ganz hinten unter dem Hartriegelstrauch. Schöner als sämtliche Christbäume der Welt. Zart und unschuldig, mit goldenen Augen haben sie sich durch verrottetes Laub gebohrt, ganz unbemerkt, schüchtern, bescheiden. Ich muss gestehen, dass mich ihr Anblick jedes Mal fast zu Tränen rührt, besonders wenn ihnen der Schnee bis zum Hals geht.

»Es ist ein Ros entsprungen/aus einer Wurzel zart, wie es die Alten sungen, /von Jesse kam die Art …« So geht eines unserer schönsten Weihnachtslieder. Und was ist den Botanikern dazu eingefallen? Sie haben der Christrose den Namen Schwarzer Nieswurz gegeben (Helleborus niger) – und das ist fast noch schmeichelhaft. Eine nahe Verwandte, die ebenfalls im Winter ihre blassgrünen Blütenglocken öffnet, heißt Stinkende Nieswurz (Helleborus foetidus). Dafür gibt es für mich nur eine Erklärung: Botaniker sind hartherzige Menschen, die sich von einem weihnachtlichen Wunder im Garten nicht beeindrucken lassen. Sonst wären sie doch auf hübschere Namen gekommen. Gott sei Dank hat der Volksmund sich der Sache angenommen. Für uns sind es Christrosen.

Ihr Dasein ist in warmen Zeiten völlig unauffällig. Sie haben hübsch geteilte dunkelgrüne Blätter, mit denen sie an stillen halbschattigen Plätzen den Boden bedecken. Ich habe noch nie beobachtet, wie sie mit dicken Knospen in der kalten Winterluft zu sprießen beginnen. Man denkt nicht an sie, man wartet nicht auf sie – sie sind eines Tages ganz einfach da. Und genau das ist die Art von Leben, die sie führen wollen. »Sie wollen in Ruhe gelassen werden«, steht in den Gartenbüchern.

Nicht harken, nicht umpflanzen. Im Vorbeigehen ein bisschen gießen, wenn die Erde im Sommer zu trocken wird, im Herbst etwas Laub um sie häufen, das ist alles, was sie verlangen. Sie lieben kalkigen, mageren Boden. So wenig Aufwand, und dafür blühen sie so lang, oft viele Wochen. Die Kälte hält sie frisch. Ich bringe es nie übers Herz, ihre Blüten abzuschneiden und im Zimmer in eine Vase zu stellen. Irgendwie glaube ich, dass sie das nicht gern haben.

Die Christrose ist ein seltsames Geschöpf. Eduard Mörike hat ihr ein Gedicht gewidmet: »Auf eine Christblume. Tochter des Waldes, du Lilienverwandte, so lange von mir gesuchte, unbekannte ...« In den Wäldern und Gebirgen Mittel- und Südeuropa ist sie zu Hause. Früher wuchs sie in Klostergärten, sie gilt als eine der ältesten Heilpflanzen. Paracelsus empfahl sie als Arznei bei Epilepsie, Lähmungen, Kopfschmerzen und als starkes Abführmittel. Im Stall war die pulverisierte Wurzel eine bewährte Medizin gegen den Milzbrand der Schweine. Heute findet sie noch in der Homöopathie bei Herzschwäche und Kollapsneigung Verwendung.

Es darf nicht verschwiegen werden, dass meine liebe Christrose eine der giftigsten Pflanzen ist. Ein Gramm des Giftstoffes kann bereits zum Tode führen. In meinen Augen macht sie das noch geheimnisvoller und unantastbarer. Sie ist zum Anschauen, nicht zum Essen. Dafür haben wir ja an Weihnachten die Gans.

Mein Elefantenohr

Es war ein Mitbringsel aus Sizilien: zwei abgeschnittene Teile einer Opuntie, wie der Feigenkaktus botanisch heißt. In einer Serviette gewickelt, platt und etwas schlapp sahen sie aus wie Ohren. Im Volksmund heißt der Kaktus, von dem sie stammten, ja auch Elefantenohr. Ganz pflegeleicht, sagte der Freund, der sie mir verehrte. Du musst sie bloß in sandige Erde stecken, und natürlich vertragen sie nicht viel Feuchtigkeit. Dort unten in Sizilien werden sie meterhoch, sehr bizarr im Wuchs, unheimlich interessant.

Aha. Ich bin keine Kakteensachverständige. Meine bisherigen Erfahrungen beschränkten sich auf Winzlinge in fingerhutgroßen Töpfchen, wie es sie gelegentlich im Supermarkt gibt, besetzt von roten oder gelben Knöspchen. In den meisten Fällen entpuppten sich die Knöspchen als kleine Strohblümchen, die von listigen Floristen mit Nadeln in die Kakteenkörper gesteckt worden waren. Sie wurden nicht größer und verwelkten nie, und das war überhaupt nicht unheimlich interessant.

Meine zwei Elefantenohren fassten tatsächlich im Topf mit Kakteenerde Fuß. Bekamen knospenartige Warzen, aus denen sich neue Ohren entwickelten. Im ersten Jahr drei neue Ohren, dann fünf, dann zwölf, an ganz unvorhersehbaren Stellen. Als sie ungefähr einen halben Meter hoch waren, verschenkte ich einen. Der übrig gebliebene bekam im nächsten Sommer weitere neun Glieder, wie man die Ohren fachmännisch bezeichnet.

Den Sommer über durfte er auf der Terrasse stehen. Im Herbst, beim ersten Frost, erfror das kleinste Ohr. Winterhart also war er nicht, der Kaktus. Ich trug ihn ins Wohnzimmer. Dabei machte ich zum ersten Mal unangenehme Bekanntschaft mit seinen Stacheln. Er erwies sich als sehr schwierig, den dünnen Dorn, der höllisch brannte, ausfindig zu machen und mit der Pinzette aus dem Finger zu ziehen. Die unsichtbare Wunde entzündete sich, eiterte wochenlang.

»Opuntien sollen mit einer Zange, einem Stück Papier oder dickem Stoff angefasst werden«, steht in meinem Kakteenbuch. »Die kleinen kräftigen Borsten mit Widerhaken brechen nicht nur leicht ab, sondern verteilen sich auch in der Luft. Handschuhe würden damit übersät sein, so dass man sie wegwerfen müsste.«

Wiederum: aha. Man sollte solche Bücher vielleicht doch kaufen, bevor man die betreffenden Pflanzen aufstellt ... Es würde nicht schaden, zu wissen, dass so ein Elefantenohr zwar total pflegeleicht und somit für Kakteenanfänger geeignet ist, aber kontaktmäßig eher wie eine Handgranate zu behandeln.

Mein Ohr gedeiht. Es steht inzwischen im Gästezimmer, wo sich die einheimische Familie nicht so arg oft aufhält. Meine Putzfrau eröffnete mir allerdings, dass sie diesen Raum nicht mehr betrete, weil sie beim Lüften immer einen Stachel abbekäme. Er wurde einfach zu groß, der Kaktus. Ich nahm ein scharfes Messer und ein dickes Stück Zeitung und schnitt mehrere Ohren ab. So was mag die Opuntie offenbar nicht. Sie warf mir gleich aus eigenen Stücken noch etliche Ohren hinterher, kümmert seitdem irgendwie verdrossen vor sich hin. Sie tut mir Leid. Ich habe sie kürzlich gedüngt, obwohl man das im Winter eigentlich nicht soll. Vielleicht erholt sie sich.

Blüten bekam sie bisher übrigens keine, also auch keine Früchte. Die sollen sehr saftig und süß sein, aber es erfordert große Sorgfalt, sagt mein Buch, vor dem Verzehr alle Borsten zu entfernen. Jener Freund, der mir die Ohren mitgebracht hat, wundert sich übrigens sehr, dass sie bei mir angewachsen sind. Bei ihm nämlich leider nicht.

Die Zaubernuss

Es war eine Liebe über den Nachbarzaun hinweg, so was soll ja vorkommen. Zunächst einmal nahm ich ihren Duft wahr: süß, weich, betörend. Mitten im Winter wehte er zu mir herüber. Erst nach einer Weile begriff ich, dass er nicht von einem versehentlich weggeworfenen Parfumfläschchen kam, sondern von einem nackten, kleinen Stauch. Von krausen, spinnenzarten Blüten an seinen dürren Ästen.

Bei dem Strauch, der so tapfer in der Kälte blühte und so verschwenderisch duftete, handelte es sich um eine Hamamelis mollis, eine Zaubernuss. Meine Nachbarin hatte sie im vergangenen Sommer eingepflanzt, und schon im ersten Jahr setzte sie Blüten an. Der Gärtnerin, die sich stets zur Geduld ermahnen muss, gefällt so früher Eifer natürlich sehr.

Eine Zaubernuss musste ich auch haben. Und seit acht Jahren habe ich eine, die inzwischen mehr als 3 m hoch ist und mit ihrer Schwester am Zaun um die Wette duftet. Meine ist ein kleines bisschen schöner, das stellte ich ganz objektiv fest, vielleicht weil sie einen ganz besonders guten Platz an der Sonne hat. (Falls meine Nachbarin diese Zeilen liest: Der Unterschied ist wirklich minimal, vielleicht ist er ihr noch nicht mal aufgefallen.)

Außer Sonne und ein paar Schaufeln voll Laubkompost im Herbst braucht dieser Strauch nichts. Er wächst langsam und gleichmäßig, ist nicht anfällig für Pilz- und Welkekrankheiten und hält sich während der warmen Monate im Erscheinungsbild bescheiden zurück. Erst im Herbst entfaltet er einen Anflug von Pracht. Seine mattgrünen, ein wenig pelzigen Blätter färben sich auffallend zitronengelb. Aber die eigentliche Showtime kommt, wenn der Garten im Nieselnebelregen ertrinkt oder in Frost und Schnee erstarrt.

Jedermann, schreibt Vita Sackville-West, die Gärtnerin und Schriftstellerin, sollte eine Zaubernuss pflanzen. Mit ihren dünnen, steil gereckten, nackten Ästen steht sie seltsam schüchtern da. So ganz im Freien, so ganz ohne den Schutz von Blättern wirken auch die Blüten irgendwie zaghaft. Im Sommer, wenn alles ringsum voller Farbe und Prunk ist, würden wir sie vielleicht kaum bemerken. Jetzt sind sie herzergreifend.

Ostasien und Nordamerika sind die Heimatländer dieser Gattung, von der es nur fünf Arten gibt. Als die schönste gilt die Hamamelis mollis, eine Chinesin. Wir können den Duft und das zarte Leuchten in die wintertrübe Wohnung holen. Bereitwillig lässt sich die Zaubernuss ihre Zweige abschneiden. Gute vierzehn Tage verströmen sie ihren Duft in der Vase. Dass auch noch Salben und Tinkturen aus Rinde und Blättern hergestellt werden – Heilmittel gegen venöse Stauungen, Hämorrhoiden, beruhigend bei Wunden und Hautrötungen–, ist – finde ich – fast zu viel der Tugenden. In diesen Wochen blüht sie wieder. Wer mag da an Hämorrhoiden denken?

Die falsche Amaryllis

Meine Mutter hatte in ihrem Blumenfenster einen Gummibaum stehen, einen Zimmerfarn, eine Wachsblume und eine Amaryllis. »MEINE Amaryllis«, sagte sie immer. »Ist MEINE Amaryllis dieses Jahr nicht besonders schön?« Von allen Besuchern wurden die vier bis fünf spektakulär feuerroten, mehr als handflächenbreiten Blütentrompeten bewundert, die sich im Dezember und Januar nacheinander auf dem hohen dicken Stängel entfalteten.

Ich mochte sie nicht so besonders, sie hatten in meinen Augen etwas Künstliches, sie rochen nach nichts, sie waren einfach nur prächtig. Vielleicht erlitt ich als Kind auch einen Schock, als ich einmal durch eine unvorsichtige Bewegung der Blütenschaft umknickte. Meine Mutter weinte damals, und ich dachte, dass ich, wenn ich groß sein würde, nie, nie so eine Pflanze haben wollte.

Schon deshalb nicht, weil die Amaryllis nach der Blüte zehn Monate lang wahrlich keine Zierde war. Zuerst mussten die Trompeten völlig eintrocknen, dann erst durfte der gelbe Stängel abgeschnitten werden. Kein Wasser durfte an die Zwiebel, weil sie sonst keine Blüten ansetzen würde. Richtig hässlich stand sie in der Ecke, halb vom Vorhang verborgen, von meiner Mutter ständig beäugt, ob sich nicht irgendwelche Läuse oder Thripse auf ihrer dürren Haut niederließen. Der Jubel schließlich: »Sie kommt!« Zuerst kamen die Blätter, oh, und dann die dicken Knospen.

Jetzt steht die Amaryllis in meinem Wohnzimmer. Nicht mehr die gleiche Zwiebel, die musste ich wegwerfen, nachdem sie in hohem Alter zuletzt nur noch zwei, drei Blätter trieb. Und nun bin ich es, die im Sommer Geduld hat, es im November kaum erwarten kann und im Dezember und Januar begeistert ist. Meine Mama-Amaryllis. Dabei ist es gar keine Amaryllis, erfuhr ich, als ich mich für diese Kolumne in ein paar Fachbüchern schlau machte.

»Mit Hingabe«, steht im Nützlichen Lesebuch für Gartenfreunde, »pflegen Sie die majestätisch blühende Amaryllis, deren botanischer Name Hippeastrum vittatum ist. Aber Sie besitzen keine Amaryllis, sondern einen Ritterstern. Der Name Amaryllis steht nur der Belladonnalilie zu. Irgendwann in den vergangenen 150

Jahren ist eine aus den peruanischen Anden nach Europa geschickte Ritterstern-Sendung falsch etikettiert worden und seitdem ist der falsche Name nicht aus den Gartenkatalogen zu verbannen.«

Ach Gott. Zur Ehre einer schönen Schäferin in der Antike hat Carl von Linné, der große Naturforscher und Namensgeber der Pflanzen die weiße Belladonnalilie und eine Reihe von amerikanischen Arten mit dem Namen »Amaryllis« bedacht. Anfang des 20. Jahrhunderts setzte dann ein heftiger Streit unter den Botanikern ein, wer sich Amaryllis nennen durfte und wer nicht. Und demnach habe ich eben jetzt einen Ritterstern auf dem Fensterbrett. Im Moment übrigens verblüht er gerade.

Kostbare Orchideen

Ich wohne neben einer alten Dame, die früher wahrscheinlich einmal hübsch und vielleicht auch liebenswürdig war. Jetzt ist sie eher unfreundlich und ruppig, auch zu ihren Blumen. Sie schneidet sie schon vor dem ersten Frost ratzekahl ab, wenn sie noch gerne ein wenig blühen würden. Aber – das Zeug muss weg, sagt sie. Nur eine einzige Ausnahme macht sie, eine einzige Pflanze betrachtet sie mit einer gewissen freudigen Teilnahme: Das ist ihr Frauenschuh im Vorgarten.

Der Frauenschuh ist eine der seltenen Orchideen, die in Nord- und Mitteleuropa im Freien wild vorkommen, an schattigen Waldhängen und Flussufern. Er ist streng geschützt. Der Mann meiner Nachbarin hat ihn trotzdem ausgegraben und seiner Frau mitgebracht – vor vielen Jahren, als sie jung verheiratet waren. Später hat er sie wegen einer anderen verlassen. Der Frauenschuh ist ihr geblieben, er blüht und vermehrt sich in jedem Sommer, und sie legt im Herbst sogar immer einige schützende Zweiglein darüber.

»Ohne Zweifel«, schreibt der Orchideenbiologe Dr. Guido Braem, »sind Orchideen die faszinierendsten Pflanzen unserer Welt. Keine andere Blütenpflanze kann mit ihren Formen und Farben konkurrieren.« Seit Jahrtausenden werden sie von den Menschen bewundert. Im alten China wurden sie als Gottheit verehrt. Ihren Namen erhielten sie 300 v. Chr. von dem griechischen Philosophen Theophrast. Er nannte sie »Orchis«, was »Hoden« bedeutet und sich auf die doppelten verdickten Wurzelknollen des europäischen Knabenkrauts bezog. Viel später wurde dieser Name für die gesamte große Pflanzenfamilie übernommen. Ob Mami das weiß, wenn sie als klassisches Muttertagsgeschenk eine Orchidee von ihren Lieben bekommt?

Vor ungefähr 200 Jahren entdeckten Missionare die herrlichen Blüten in den Urwäldern und Dschungeln der Tropen. Seit damals gibt es in Europa die Orchideenjäger, die im Auftrag von begeisterten Sammlern und Züchtern in Asien und Südamerika auf Neuheitenjagd gehen. Gärtner, die in ihrem Garten ein kleines Warmhaus haben, das von merkwürdig fluoreszierenden Lampen erhellt wird, gibt es immer mehr. Es soll, liest man, kein sehr schwieriges, aber ein sehr schönes Hobby sein, Orchideen zu züchten.

Längst werden Orchideen auch regelrecht fabriziert, abgeschnitten und in winzige Vasen verpackt im Supermarkt als Billigangebot verscheuert. Im Topf mit Knollen sind sie teurer – aber nicht vergleichbar mit den Preisen vor 100 Jahren. 1899 erhielt ein Züchter aus Hildesheim für eine südamerikanische Cattleya 5250 Goldmark. 1903 verlangte ein Londoner Gärtner für eine gerade neu entdeckte Orchidee sogar 40000 Goldmark. Der Preis richtet sich bis heute nicht nach der Schönheit, sondern der Neuheit.

Solchen Wert repräsentiert der gute altbekannte Frauenschuh meiner Nachbarin nicht. Vielleicht irgendwann einmal, wenn er in der freien Natur ganz ausgestorben ist. Ob sie mir gelegentlich ein oder zwei Ablegerknöllchen schenkt? Was übrigens die prächtigen Zimmerorchideen betrifft: Bisher ist es mir nie gelungen, einen Topf nach dem Verblühen zum neuen Austreiben zu bringen. Eine wunderschöne weiße Phalaenopsis, als pflegeleicht und blühwillig beschrieben, nimmt seit vier Jahren stoisch ihren Platz am Fenster ein, ohne sich um einen Deut zu verändern. Solange wenigstens die Blätter nicht abfallen, warte ich ab.

Die Schneekönigin

»Glücksruf der Frühlingsheiterkeit« wurden in der Antike die ersten kleinen Blüten genannt, die am Ende des Winters den Menschen erfreuen. Rufen tun sie eigentlich nicht; wenn man genau hinhört, dann piepsen sie ganz leise zwischen den letzten Schneeresten hervor. Ihr Anblick regt zu philosophischen Gedanken an: Wieso sind es gerade die zarten, dünnen, so zerbrechlich scheinenden Blümlein, die der Kälte widerstehen, während andere saftstrotzende, kraftstrotzende Pflanzen schon vom ersten Frost umgehauen werden? Ihre kleinen Zwiebeln, die der Botaniker Knollen nennt, fangen in der festgefrorenen Erde an zu treiben, unverdrossen, bescheiden und mutig: Triumph der Schwachen.

Der berühmteste Krokus ist der Safran-Krokus (Crocus sativa), der schon seit drei Jahrtausenden bekannt ist. Homer nannte ihn den »König der Pflanzen«, König Salomon trug von dem gelben Blütenstaub gefärbte Kleider, Hippokrates empfahl seine Arzneieigenschaften. »Za fran« heißt gelb sein. Gelb galt in alten Kulturen als Symbol des Lichts und der Hoheit, in der katholischen Kirche ist Gelb die liturgische Festfarbe.

Ich weiß nicht, ob unter den Krokussen in meinem Garten ein Safran-Krokus ist. Wenn ja, wäre er unter den rotvioletten Exemplaren zu suchen. Zur Gewinnung des teuren Safrans als Färbemittel oder Gewürz taugt meine Wiese sowieso nicht. 120 000 Blüten werden für ein einziges Kilo benötigt. In Südfrankreich und Italien wird die Sorte gewerbsmäßig angebaut. Das muss schön sein: Krokusfelder.

Krokusse wachsen in nahrhaftem, lockerem Boden, in der Nähe von Büschen, am liebsten in großer Gesellschaft. Ein Krokus allein sieht traurig aus. Er unterhält sich – so stellte ich es mir vor – gern mit seinesgleichen. Die einzigen Krokusfeinde sind, jedenfalls in meinem Garten, die Amseln, denen sie offenbar gut schmecken. Mottenpulver um die Krokusnester herumzustreuen, soll die gefräßigen Vögel vertreiben. Das stimmt schon, aber in einem Testjahr habe ich festgestellt, dass meine Krokusse ebenfalls kein Mottenpulver mögen. Sie sind im nächsten Frühjahr viel spärlicher erschienen, mit gerümpften Nasen sozusagen.

Schneeglöckchen halten von Krokusfamilien geziemenden Abstand. Sie mögen einen anderen Boden, mager, karg, ungedüngt. Schneetröpfchen, Schneekröpfchen werden sie auch genannt. Mit ihren langen dünnen Stielen könnte man sie in die Vase stellen. Aber ich bringe es nicht fertig, sie abzureißen. Da haben sie so lange in der Kälte auf das Blühen gewartet, wie sollen sie sich im warmen Zimmer wohlfühlen?

Jede Schönheit hat ihren Preis. Der Preis, den uns Krokusse und Schneeglöckchen abverlangen, ist nicht ganz unbeträchtlich. Wer sie nicht vertreiben will, muss sich in Geduld üben und einen perfekten Rasenteppich vergessen. Ihre nach der Blüte in die Länge wachsenden und langsam gelb werdenden Blätter dürfen nicht abgeschnitten werden, ehe sie von selbst loslassen. Nicht der Rasenmäher, nur der Rechen soll sie entfernen. Perfektionisten bringen das nur schwer übers Herz. Im Mai genügt ein Blick in fremde Gärten, um festzustellen, wo ein echter Krokusfreund wohnt und wo ein strenger Ordnungshüter zu Hause ist.

Paradies unter Glas

Als ich klein war, wohnten wir in einer Wohnung mit Wintergarten. Darunter verstand man damals einen verglasten Balkon, dessen Fenster im Sommer geöffnet wurden. Im Winter waren sie zu, und es war kalt in dem Glaskasten – aber nicht so kalt, dass darin nicht Platz gewesen wäre für die zurückgeschnittenen Geranien vom Vorsommer. Sie überwinterten und verbreiteten ihren strengen Geraniengeruch. Vielleicht hieß der Balkon deshalb Wintergarten. Von exotischen Pflanzen war nichts zu sehen.

Heute ist ein Wintergarten etwas ganz anderes. Ich selber habe keinen, aber ich bin manchmal bei einer Freundin eingeladen zur Teestunde in ihrem Wintergarten. Der Tisch ist gedeckt unter den Riesenblättern einer Bananenstaude, ein Orangenbäumchen blüht, Yuccapalmen wuchern bis zum Glasdach hinauf, und es ist sehr schön da. Falls nicht gerade Sommer ist. Im Sommer ist es unerträglich heiß, trotz zahlreicher automatischer Belüftungs- und Schattierungsanlagen. Aber wann ist bei uns schon Sommer …

Ein Wintergarten erweitert den Wohnraum und bietet die Illusion, sich im Süden zu befinden. Einmal saß ich dort während eines Gewitters. Das war unvergesslich – der Regen trommelte, die Bäume draußen bogen sich in Sturmböen, die Blitze zuckten, und wir aßen Marzipantorte und bewunderten die eben aufgeblühten Kamelien und ihren süßen Duft. In solchen Augenblicken regt sich schon so etwas wie bleicher Neid: Warum habe ich nicht auch einen Wintergarten?

Die Sehnsucht nach dem künstlichen Paradies unter Glas ist alt. Im antiken Pompeji fanden sich Reste von Treibhäusern. Bereits im 2. Jahrhundert vor unserer Zeitrechnung konnte man dort Glasscheiben herstellen. In allen Jahrhunderten danach entwarfen italienische, englische, französische Gartenkünstler gläserne Paläste für Palmen, Orangen und Rosen. Kaiser und Könige ergingen sich darin. Das Volk durfte in geziemender Entfernung staunen.

Mitten in München ließ sich der bayerische Märchenkönig Ludwig II. über seiner Residenz am Odeonsplatz eine tonnenförmige Halle aus Eisen und Glas erbauen, in der ein Garten mit verschlungenen Wegen, einem See und einer Grotte mit Wasserfall angelegt wurde. Ein indisches Königszelt und ein kolossales Gemälde mit Gebirgspanorama gab es darin. Im See schwammen Schwäne. Nach Ludwigs Tod ließ man das traumhafte Paradies, dessen Unterhalt Unsummen verschlang, ratzeputz abreißen. Eigentlich schade, oder?

Wenn ich im Lotto gewinne, möchte ich etwas Ähnliches. Nicht bloß einen kleinen Anbau, dessen Scheiben dauernd geputzt werden müssen. Nach hausfraulicher Erfahrung verliert sich Schmutz in der Größe. Mannshohe Palmen müssten darin stehen können, eine Wasserfontäne müsste rauschen und die Lüft energiefördernd ionisieren. Ach, halten sie mir bitte die Daumen, dass endlich meine Zahlen gezogen werden. Dann lade ich Sie auch zu Tee und Marzipantorte in meinen Wintergarten ein.

Luftblüten

Wie viele Liebesgeschichten begann auch diese mit anfänglicher Abneigung. Ein Besuch brachte mir ein merkwürdiges Geschenk mit: einen löcherigen Stein mit einem draufgeklebten graugrünen Büschel Gras. Du wirst schon sehen, sagte der Besuch, als er mein Gesicht sah.

So etwas jedenfalls hatte ich noch nie gesehen, und den Namen hörte ich auch zum ersten Mal. Es war kein Gras, sondern eine Tillandsie. Tillandsia ionantha. Eine sehr interessante Pflanze, ließ ich mir sagen. Nun hatte ich schon öfters interessante Botanica bekommen. Eine Rose von Jericho zum Beispiel aus der Wüste. Dem Auge bot sich ein vertrockneter Stängel mit einem vertrockneten Blätterknäuel. Ins Wasser gestellt, würde sich das Ganze entfalten und einen unwahrscheinlich betörenden Duft ausströmen, hieß es. Das Ding entfaltet sich auch, rollte sich irgendwie auseinander, aber zu riechen war nichts. Ich warf die merkwürdige Rose weg.

Dann erhielt ich wieder mal was ebenfalls Vertrocknetes. Das brauchte angeblich nicht mal Wasser zum Entwickeln einer Blüte. Ich stellte es aufs Fensterbrett, und tatsächlich kroch ein Stängel hervor, wuchs und wuchs mit einer Knospe an der Spitze, die sich eines Tages öffnete. Wie die Blüte aussah, weiß ich nicht mehr. Sie roch so entsetzlich nach Verwesung, dass ich sie – interessant hin, interessant her – augenblicklich in den Müll beförderte.

Und nun also die Tillandsie. Dünne, mit silbrigen Schuppen bedeckte Halme, die sich im Innern des Büschels allmählich rosarot färbten. Eines Tages erschien, so ganz nebenbei und in aller Stille eine violette Blüte mit weißen Spitzen. Ich rief den Spender an, das hatte ich ihm versprochen. Siehst du!, sagte er triumphierend. Und jetzt? Wann braucht das fremde Wesen Wasser? Wie kann es weiterleben, ohne Wurzeln auf einen Stein geklebt?

Er schickte mir ein kleines Buch »Tillandsien, Blüten der Lüfte«. Darin stand, dass Tillandsien Epiphyten sind, so genannte Scheinschmarotzer, die winzige Wurzeln allenfalls zum Festhalten auf Baumrinden, in Astgabeln, auf Steinen benützen, ohne von ihren Gastgebern irgendwelche Nahrung anzunehmen. Manche Arten klammern sich auch an Telefondrähten fest. Zum Leben brauchen sie nichts als Luft, Licht und Feuchtigkeit. Ein Schlückchen Tau hin und wieder, ein wenig Kondenswasser.

Meine Ionatha gehört zu den Sorten, die nur selten ein wenig besprüht werden wollen. In den warmen Monaten darf ich sie in meinem Kirschbaum befestigen, sie mag es gern, wenn sie vom Wind ganz leicht geschaukelt wird. Seht ihr?, frage ich meine Gäste. Die meisten fallen nicht gerade in Ohnmacht. Tillandsien muss man lieben, um das Wunder wahrzunehmen.

Ach, ich liebe sie. Ich nehme sie lang vor dem ersten Frost wieder ins Haus und warte auf die violette Blüte. Damit sie nicht allein ist, habe ich noch andere Tillandsiensorten gekauft und im Blumengeschäft auf trockene Äste montieren lassen. Darunter ist eine, die sehr viel Feuchtigkeit braucht. Es macht mir nichts, sie täglich mehrmals zu besprühen.

Sie kommen aus den tropischen und subtropischen Gebieten Amerikas. Entdeckt wurden sie im 17. Jahrhundert von einem finnischen Forschungsreisenden namens Tillands. Er war von ihnen fasziniert, und sie haben ihn unsterblich gemacht.

Schwarze Perlen

Der Mensch ist doof. Oder wie sonst soll man es nennen: Da gibt es die wunderschönsten, farbenprächtigsten Blumen aller Gattungen, und wonach strebt er? Er möchte die Farbe Schwarz in seinem Garten haben. Nachtschwarz. Schwarz ist die Farbe, die die gesamte auffallende Lichtstrahlung absorbiert, so steht's im Lexikon, und diesen Effekt zu erreichen ist für Blumenzüchter offenbar eine sehr schwere Aufgabe. Seit Jahrhunderten probieren sie dran rum. Vergeblich bis zum heutigen Tag.

Nur in den Katalogen der Versand-Gärtnereien erscheint das schwarze Wunder jedes Jahr in Form von schönen Abbildungen. Ich lese furchtbar gern Kataloge in der dürftigen Vorfrühlingszeit, der »Playboy« sozusagen fürs leicht erregbare Gärtnerherz. Und da ist sie also auch dieses Jahr wieder: die Königin der Nacht, exquisite Seltenheit, von Kennern verehrt, eine Tulpe mit nachtschwarzen Blüten!

Ein paar Seiten weiter: Nachtschwarze Barkarole, die duftende Edelrose der Sonderklasse, Weltneuheit. Immerhin gesteht der Begleittext, dass die edlen schwarzen Knospen sich »langsam zu großen, samtig glutroten, perfekt geformten Blüten« öffnen. Also jedenfalls nicht zu perfekt schwarzen.

Aber dafür fällt mein Blick auf die Schokoladenblume (Cosmos atrosanguineus), eine Neueinführung aus England. Braune samtige Blütenblätter und betörender Duft nach Zartbitterschokolade. Vor meinem inneren Auge erscheint sie ganz vorn in meinem Staudenbeet. Ob ich sie bestellen soll? Obwohl ich letztes Jahr mit der »Mainzer Fastnacht« ziemlich reingefallen bin. Da wurde mir die »einzige Rose von strahlendem Blau« versprochen. Bei mir hat sie dann bloß so ein mulmiges Lila entwickelt.

Ach, und Erdbeeren! Es gibt Erdbeeren, die nicht auf dem Boden wachsen, sondern in die Höhe. Eine Dame ist abgebildet, die überwuchert ist von drei Meter hohen Ranken mit leuchtenden Früchten, jede Fünfmarkstück groß. Ich könnte sie in einem Kübel auf der Terrasse ziehen. Oder lieber die blaue Geranie, die Sommer-Sensation 2000?

Auf jeden Fall brauche ich den Wühlmausschreck »Avanti« mit

umweltfreundlichem Solarbetrieb, der einfach nur in die Erde gesteckt wird und mittels tieffrequenter Schallwellen jede Art von Maus oder Ratte vertreibt. Für Menschen, Haustiere und Regenwürmer nicht störend. Aber vielleicht fliehen auch die Nacktschnecken? Der Versuch scheint mir lohnend.

Was sie alles erfinden zur Freude für den Gärtner! Ganz sicher auch eines Tages die richtige schwarze Rose und Tulpe. Die bestelle ich dann sofort.

Der bucklige Schlumberger

Ungeduldige Menschen und Perfektionisten, bei denen immer alles schön sein muss, können sich schwerlich mit ihm anfreunden. Zehn Monate im Jahr zeigt er sich völlig unscheinbar und langweilig. Fahlgrün, sparrig, staubig-verschlafen sieht er aus. Nichts an ihm lässt im Frühling, im Sommer und im Herbst auch nur einen Hauch von Schönheit erahnen. Aber dann kommt der Winter. Und dann blüht er – der Weihnachtskaktus, wie er genannt wird. Mit dem wirklichen Namen heißt er Schlumbergera. Schlumbergera buckleya. Man darf sich schon manchmal fragen, was Pflanzenpaten sich bei solchen Namensgebungen gedacht haben …

Also: Der bucklige Schlumberger gehört zur riesigen und sehr abwechslungsreichen Familie der Kakteen und Sukkulenten. Seine Heimat ist Brasilien. Er mag es warm zur Weihnachtszeit, hell aber nicht südsonnig, er mag gern mit abgekochtem Wasser besprüht werden, und wenn er etwas hasst, dann ist es eine Standortveränderung. Oft genügt es schon, ihn beim Fensterputzen leicht zu verrücken. Plumps, wirft er seine Knospen ab.

Wer ihn liebt und seine Blüten wunderschön findet, nimmt solche Kapricen während der zweimonatigen Blühzeit in Kauf. Er hat ja auch gelernt, sich mit Schlumbergers endlos langer Hässlichkeitsperiode abzufinden. Ich verkürze sie etwas, indem ich meine Schlumbergerfamilie (immerhin mittlerweile acht Töpfe) Ende Mai ins Freie stelle, an einen schattigen luftigen Platz möglichst unter tief hängende Zweige. Dort stehen sie dann und gehen in sich. In Trockenzeiten brauchen sie hie und da eine Wassergabe, sonst nichts. Die erste Düngung mit Kakteenspezialdünger erfolgt Ende September. Ende Oktober dürfen sie dann wieder ins Haus, um Knospen anzusetzen.

Ich bin streng mit ihnen. Bei mir müssen sie auch Südsonne aushalten. Ich habe nun mal kein Fenster nach Norden, außer im Klo. Dafür sind sie mir zu schade. Offenbar haben sie das auch eingesehen. Vielleicht verwelken die einzelnen Blüten – so schön wie hängende chinesische Laternen – etwas früher. Aber es kommen ja so viele neue, immer wieder.

Jetzt gibt es sie wieder überall zu kaufen, sogar im Supermarkt. Mein kleiner Sohn hat einmal von seinem Taschengeld einen winzigen Weihnachtskaktus für mich erstanden und mit dem größten Bemühen um Geheimhaltung vor dem Heiligen Abend in seinem Zimmer versteckt. Ich habe ihn natürlich entdeckt und ebenfalls ganz geheim ein bisschen gegossen. Eines Tages warf er alle seine Knospen ab. Ich kaufte einen neuen, ungefähr gleich kleinen. Mein Sohn merkte den Unterschied nicht. Unterm Weihnachtsbaum überreichte er mir seinen Kaktus mit strahlenden Augen. Da war es bereits der dritte nachgekaufte, und während der Weihnachtsferien musste er noch einmal heimlich ausgetauscht werden. Vielleicht lag es am Standortwechsel – aber wahrscheinlicher daran, dass die Pflänzchen fast keine Wurzeln hatten. Die Triebe waren einfach nur in die Erde gesteckt worden. Schnelles Geld, schneller Tod. Wann kriegen wir ein Pflanzenschutzgesetz, das es verbietet, so mit einem winzigen Schlumberger umzugehen und ihn mit anderen winzigen Schlumbergern auf ein Supermarktregal zu stellen? Achtlos, herzlos – als Weihnachtswunder?

Erinnerung ans Paradies

Warum vierblättriger Klee Glück bringen soll, weiß eigentlich kein Mensch. Der Ursprung des Aberglaubens verliert sich irgendwo im Altertum. Einer einzigen Legende nach hat Eva, als sie mit Adam aus dem Garten Eden vertrieben wurde, zur Erinnerung an das verlorene Paradies ein vierblättriges Kleeblatt, das dort offenbar haufenweise wuchs, abgerissen und mitgenommen.

Dabei war das, wenn es wirklich so passiert ist, ganz falsch. Ich habe das auch immer gemacht: abgerissen und mitgenommen, wenn mir beim Schlendern über eine Wiese oder einen Kleeacker vier Blätter unter die Augen gekommen sind. Ganz zufällig, bekanntlich darf man danach nicht willentlich suchen. Jetzt lese ich bei dem Gartenschriftsteller Johannes Roth, dass man vierblättrigen Klee keinesfalls pflücken soll. »Selig das Auge, das ihn sieht, verflucht die Hand, die ihn bricht«, ist da zitiert. Vielleicht wäre mein Leben anders verlaufen, wenn ich das nur früher gewusst hätte …

Manches in der schweren menschlichen Schicksalsgeschichte lässt sich jedenfalls womöglich durch Evas unüberlegtes Handeln erklären. Sie hätte die ganze Pflanze ausgraben sollen. Aber dazu war in der Aufregung vielleicht auch gar nicht die Zeit.

Momentan sieht es so aus, als sei die ganze Welt drauf versessen, einen vierblättrigen Klee im Wohnzimmer zu haben. Mit Erde, in einem kleinen Töpfchen, in welchem auch noch ein kleines Schornsteinfegerchen und ein Fliegenpilz aus Plastik stecken. Glück soll das bringen, unbedingt, Glück und Frieden und Gesundheit, alles, was wir uns jenseits von Eden für die Zukunft wünschen.

Dabei ist der so genannte »Glücksklee« (Oxalis tetraphylla), der das schaffen soll, gar kein richtiger Klee, sondern ein Storchschnabelgewächs mit winzigen zwiebelähnlichen Wurzelknöllchen. »Eine Knollenstaude mit vier dreieckigen Fiedern und einem dunkelvioletten Fleck am Grund«, wie's im Lexikon steht. Die trichterförmigen rötlichen bis rosafarbenen Blüten sind wunderhübsch. Nur ein einziger Nachteil ist zu erwähnen: Der Glücksbringer wäre im Freien längst erfroren. Seine Heimat ist Mexiko, er mag es sonnig und warm.

Bei uns findet der kurze Sommer des Glücksklees auf der geheizten Fensterbank statt. Wasser ist erwünscht, aber nicht zu viel. Und bei auftretenden Ermüdungserscheinungen nach Silvester (weil Glück bringen ja vielleicht eine anstrengende Sache ist) kann man dem Kleetöpfchen in einem dunklen kühlen Kellerraum Ruhe gönnen. Im Frühjahr dann werden die Zwiebelchen ausgebuddelt, in frische Erde gesetzt und angegossen. Rückkehr auf die Fensterbank. »Nach kurzer Zeit sind die ersten Triebe sichtbar«, verspricht eine Gartenzeitung. Ende Mai endlich darf er an die frische Luft, und dann blüht er wochenlang.

Schade, mir ist diese Wiederbelebung bisher nie geglückt. Was den Klee betrifft, so habe ich offenbar verfluchte Hände. Macht nichts, im Frühjahr bin ich nicht so abergläubisch wie jetzt, in den langen Nächten, in der dunkelsten Zeit, wo man halt zum Überleben unbedingt einen vierblättrigen Klee braucht.

Blüten fürs Dekolleté

Irgendwie sind alle Blumen schön: die kleinen bescheidenen Veilchen und Gänseblümchen, die prächtigen Pfingstrosen, prunkvoller Mohn und anmutige Fuchsien, Heckenrosen und Edelrosen, Sonnenblumen, Tulpen – gut, dass es keine Schönheitskonkurrenzen gibt mit einer Miss Wiesenblume, Miss Gartencenter oder Miss Staudenbeet. Ich dürfte jedenfalls nicht in der Jury sitzen, ich könnte mich gar nicht oder höchstens nach jahrelangem Nachdenken entscheiden. Ich liebe sie alle.

Eine Blume allerdings gibt es, bei deren Anblick ich verstumme. So viel Schönheit hat etwas Überirdisches, geradezu Überwältigendes. Zu schön für Liebe. Unnahbar, unberührbar. Man will sie nicht abreißen und nach Hause tragen, nicht besitzen, nur anschauen. Und diese Blume ist die Kamelie. Camellia japonica. Sie hat ihren Namen von einem Herrn Georg Joseph Kamel, einem Jesuitenpater aus Brünn, der im 17. Jahrhundert als Pater Camellus zwecks Mission und Forschung auf die Philippinen reiste und dort auch Pflanzen sammelte, Ableger und Samen. Auf der Heimreise fiel sein Schiff unter die Seeräuber und seine ganze Sammlung ins Meer. Der Botaniker Linné würdigte dieses tragische Schicksal, indem er später den Teestrauch nach Pater Camellus benannte.

Denn auch der Teestrauch, der uns den schwarzen und grünen Tee liefert, ist eine Kamelie. Eine Sorte mit kleinen Blüten und spitzigen Blättern, Camellia sinensis, viel unauffälliger als die Camellia japonica mit ihren großen strahlenden Blüten. Auch die Sinensis findet man manchmal in Blumengeschäften als sozusagen zweckentfremdete Topfpflanze. Aber man darf sich nicht täuschen – sie ist genauso empfindlich und heikel zu pflegen wie ihre schönere Schwester. Ich hatte mal eine, die Blütchen sind abgefallen, die Blätter bald auch.

An eine »richtige« Kamelie habe ich mich noch nicht hingetraut. Sie hat jetzt gerade ihre hohe Zeit. Ich besitze keinen Wintergarten, in dem es kühl ist und feucht, so wie sie es braucht, um ihre teure Pracht zu entfalten. Man kann sie im Sommer in den Garten bringen, aber kein kaltes Luftzüglein darf sie stören. Sie möchte es feucht, mäßig war, halb sonnig, halb schattig haben, sie nimmt nur mit saurer Erde vorlieb und besteht darauf, mit entkalktem Wasser gegossen zu werden.

Solchen Bedingungen entspricht das Klima in Südengland, wo die Gärten geschützt sind durch Hecken und Mauern. Dort habe ich einmal einen Kamelienstrauch im Freien gesehen, zwei Meter hoch, besteckt mit herrlichen reinweißen Blüten, weiß wie Schnee, weiß wie die Wölkchen am Himmel.

Im 19. Jahrhundert war die Kamelie einmal die Blume der Romantik. Das war, als Alexandre Dumas seinen Erfolgsroman »Die Kameliendame« geschrieben hatte, die Geschichte einer bezaubernden Pariser Kokotte, die von ihrem Liebhaber täglich Kamelien verehrt bekam. Eine Kamelienblüte im Dekolleté oder im Knopfloch eines Fracks war groß in Mode. Schmuck für eine einzige Ballnacht. Ja, so kann ich sie mir vorstellen – auf schimmernder Haut, auf glänzendem Tuch. In der Disco weniger.

Hyazinthen

Meine Großmutter war eine Wohnungsgärtnerin. Sie wohnte 43 Jahre lang in einer alten Stadtwohnung, die genau genommen als Gewächshaus diente – voll von Blumentöpfen, Stecklingen, Samenkistchen. Ihre Geranien überwinterten auf dem Schlafzimmerschrank, von der Küchendecke hingen Büschel mit wildem Kümmel zum Trocknen, in trüben Einmachgläsern dümpelten Eierschalen ihrer Reifung als Dünger entgegen, Sträuße standen herum, ein magerer Christusdorn am Fensterbrett wurde niemals weggeworfen, obwohl er unglaublich alt und hässlich aussah. Für meine Großmutter war die Wohnung kein Thema der Inneneinrichtung, sondern ein Pflanzenasyl, in dem es immer ziemlich unordentlich aussah.

Aber, von den Eierschalen abgesehen, roch es bei ihr so gut. Am allerbesten im Januar und Februar, wenn ihre Hyazinthen blühten. Meine Mutter, die Schwiegertochter meiner Großmutter, betrat die Wohnung dann nicht, weil sie von dem wahnsinnigen Duft Kopfweh bekam. Aber ich war begeistert. Ich hatte das Wachstum der Hyazinthen schon monatelang verfolgt. Sie standen in Gläsern am Fenster. Die dicken Zwiebeln setzte meine Großmutter oben auf den Rand. Langsam wuchsen die dünnen langen Wurzeln in das gelblich-abgestandene Wasser in den Gläsern hinein. Die Zwiebeln selber waren durch spitze bunte Stanniolhüte verdeckt, die man nicht heben durfte. Geheimnisvoll rüsteten sich darunter im Dunkeln die Blüten zum Aufbruch.

Eines Tages kamen die Hütchen dann weg. Kurze hellgrüne Blätter zeigten sich und ganz innen der Blütenansatz. Das Wachstum schritt fort, und eines Tages waren sie tatsächlich so weit: Ein strammer Stängel hielt die walzenförmig angeordneten Knospen aufrecht ins Licht. Und dann öffneten sich die Knospen, zuerst die unteren, und verströmten ein geradezu atemberaubendes Aroma. Die Hyazinthen blühten lang. Meine Großmutter war sparsam und heizte nicht stark, das haben ja bekanntlich die meisten Blumen besonders gern.

Warum heißen sie Hyazinthen, Oma? Ach, das ist eine sehr rührende Geschichte, die ich mir immer wieder erzählen ließ. Sie geht auf die griechische Göttermythologie zurück. Apollo, der Gott des Lichtes, Sohn des Zeus, liebte einen schönen Jüngling namens Hyakinthos. Eines Tages tötete er ihn aus Versehen durch einen unglücklichen Diskuswurf. Aus dem Blut des Geliebten ließ Apollo eine schöne Blume wachsen, der er den Namen des Toten gab. Zu deutsch: Hyazinthe.

Die Hyazinthen meiner Großmutter blühten bis in den März hinein. Dann kam, wie bei allen Zwiebelpflanzen, der weniger schmückende Teil. Die Blätter wurden gelb und immer länger. Aber selbstverständlich wurden sie nicht abgeschnitten. Sonst würden die Zwiebeln verbluten wie der arme Hyakinthos und im Herbst unter dem Hütchen nicht wieder austreiben. Jede Blume, sagte meine Oma, hat das Recht, in Ruhe zu verwelken, wie der Mensch auch.

Katalogwunder

Am Anfang des Jahres bringt der Postbote selten schöne Botschaften. Weihnachten ist vorbei, ich habe vergessen, was ich alles per Scheckkarte gekauft habe, und jetzt kommen die Kontoabrechnungen. Und die Mahnungen vom Finanzamt. Und die Mitteilungen, wann der Kaminfeger zum großen Kaminputz kommt. Wird auch jedes Jahr teurer. Aber dann – oh Freude – liegt an meinem nebelkalten Tag das dicke Kuvert von Deutschlands großer Versandgärtnerin im Briefkasten.

Kein Kuvert aus ungechlortem, umweltfreundlichem Graupapier. Nein – alles, alles in Farbe. Schon von außen, gleich neben der Adresse, grüßt »Kussmäulchen«, die sensationelle Sommerüberraschung. Unzählige blaue Blütenmäulchen, raschwachsend, hängend und rankend, das Stück nur 4,85 DM. Auf der Rückseite das dicht gefüllte Nelkenwunder »San Remo«, 12 Stück im Sparangebot für lediglich 56,40 DM.

Der Katalog selber beginnt mit Zauberglöckchen, der Super-Balkonblumen-Neuzüchtung. Ein paar Seiten weiter bleibe ich bei der Geranie »Feuerfontäne« aus Tirol hängen. Überschlägig: Wie viel Stück brauche ich? Ich könnte die Süßkartoffel Ipomea variegata dazwischenpflanzen, wunderschöne Strukturpflanze mit violettgrün panaschiertem Laub. Sie würde im Balkonkasten sogar essbare, delikate Süßkartoffeln entwickeln. Könnte man im Herbst zur gebratenen Pute essen …

Ich liege auf dem Sofa und träume. Von Vanilleblumen, Engelstrompeten, schneeweißem Hängejasmin. Ach, und hier: die Balkon-Honig-Melone »Pepino Gold«, gänseeiergroß und köstlich schmeckend … Einen Veilchenbaum möchte ich, einen Korallenbusch, und damit alles gut gedeiht, wäre natürlich der Super-Blumenkasten »Aqua Profi« vonnöten, der sich auch an heißen Sommertagen selber gießt. Eine schwarzblütige Calla für meinen großen Tontopf, edel sähe sie darin aus. Kostet? Stück 18,95 DM. Preiswert.

Dahlien, Gladiolen, die muss ich dieses Jahr endlich einmal rechtzeitig in die Erde bringen. Und die Schokoladenblume mit exotisch-feinem Kakaoduft wollte ich doch schon letztes Jahr.

Duft-Schneeball, den will ich auch schon lange. Aber bei der Pflanzzeit im Frühling erscheint mir die Aussicht auf seine Blüte mitten im Winter so weit entfernt.

Ob ich mir ein Bayern-Kiwi anschaffe? Weiki-Bavaria, die beste Kiwi mit angenehm süßen, starkwürzigen Früchten. Wird als Ehepaar geliefert, eine weibliche und eine männliche Pflanze gemeinsam im Topf, für 29,85 DM. Eine Liebesgeschichte gewissermaßen, eine Romanze. Es ist nur so, dass ich auch noch Dünger brauche, Spruzit-flüssig gegen die Apfelblattlaus, und Hornspäne. Halt, das in diesem Jahr lieber nicht, da könnte was vom Rind drin sein. Ich will nicht, dass mein Salat wahnsinnig wird, und ich mit ihm. Deshalb auch keinen Rinder-Humus. Oder halt, das habe ich falsch gelesen: Rinden-Humus. Den bestelle ich. Und als ich alles zusammenzähle, beläuft sich die Rechnung auf mehr als 500 DM. Mist. Nur träumen kommt billiger.

Duftende Viola

Stiefmütterchen können unsterblich sein. Nicht alle – ich habe einmal im Herbst auf das Grab eines sehr lieben Menschen fünf Dutzend Stiefmütterchen gepflanzt, weil der Blumenhändler sagte, sie würden im März, nach dem Schnee, wunderschön blühen. Aber nach dem Schnee waren sie erfroren. Jetzt habe ich eines, das ewig lebt. Ein weißes. Ich habe es im vergangenen Sommer mit einem gelben und einem blauen in den Terracottatopf vor meiner Haustür gesetzt. Das Weiße hat die beiden anderen bald verdrängt. Es füllte fast den ganzen Topf aus.

Zum Adventsbeginn schmückte ich meinen Eingang weihnachtlich mit Misteln, Tannenzweigen und einem goldenen Engel. Das Stiefmütterchen auszureißen, brachte ich nicht fertig. Es blühte. Als nach Weihnachten der Frost kam und der Schnee, hielt es kurz inne. Jetzt, Ende Januar, fängt es wieder an, seine grünen Blätter zu heben. Es zeigt mir, dass es noch da ist, lebt und sich, wie ich, auf wärmere Tage freut. Meine weiße Viola wittrockiana.

Ich finde Stiefmütterchen interessant, schon wegen der Geschichte, wie sie zu ihrem Namen kamen. Das war so: Jede Blüte besteht aus fünf Blütenblättern. Unten ein ganz großes, das ist die stolze schöne Stiefmutter, die einen breiten Sessel für sich alleine hat. Zwei Stühle rechts und links sind für ihre beiden Töchter. Und oben, auf einem einzigen Stuhl, sitzen die weniger prächtigen Stieftöchter. Sie taten mir immer Leid, so eng beieinander und einfach gekleidet. Wäre ich eine Stiefmütterchenzüchterin, würde ich ihnen prächtige Kleider anzüchten.

Bei den Veilchen, den wilden kleinen Verwandten der Stiefmütterchen, geht es gleichberechtigter zu. Sie sind einheitlich veilchenblau oder hellblau oder weiß. Bescheiden. Dafür duften sie wunderbar. »Blüh wie das Veilchen im Moose, sittsam bescheiden und rein. Nicht wie die stolze Rose, die immer bewundert will sein«, schrieb mir in der zweiten Grundschulklasse meine Lehrerin ins Album.

Na ja – sittsam. Für die alten Griechen waren Veilchen die Blumen der Verführung. Als beispielsweise der Gott Vulcan um die schöne Venus warb und sie ihn nicht erhören wollte, schmückte er seinen ganzen Körper mit Kränzen aus Viola odorata, duftenden Veilchen. Da konnte Venus nicht widerstehen. Sie soll sich ihm lächelnd alsbald hingegeben haben. Es heißt auch, dass Josephine de Beauharnais Napoleon mit Hilfe von duftenden Veilchen erobert hat. Das wusste meine Lehrerin vermutlich nicht.

Mein Stiefmütterchen vor der Tür duftet übrigens auch recht gut. Wer vorbeikommt, kann dran riechen. Am betörendsten ist der Duft abends, nach einem sonnigen Tag im Frühling. Ist noch ein bisschen hin …

Diamant im Armenhaus

Es gibt echte Diamanten und falsche. Die falschen sind meist größer, auffallender und vor allem häufiger. Beim Jasmin ist es ähnlich. Der Falsche Jasmin (Philadelphius coronarus, auch Pfeifenstrauch) hat große rahmweiße Blüten, mit denen er im Sommer Garten und Zäune geradezu überschüttet. Der Echte Jasmin (Jasminum nudiflorum) hat kleine, viel bescheidenere goldgelbe Blütchen und ist kein Strauch, wie sein falscher Bruder, sondern ein so genannter Spreizklimmer. Er geht die Wände hoch, wenn er eine Stütze bekommt. Was ihn kostbar macht, ist das Datum seiner Blütezeit: jetzt, Februar/März, im Winter. Um diese Zeit ist der Garten eher ein Armenhaus mit Laubresten, kahlen Zweigen, mürrischem Rosengestrüpp und dem ins Auge fallenden, hinter nichts Grünem versteckte Komposthaufen, geziert von Eierschalen und Orangenresten.

In dieser unwirtlichen Umgebung kommt auch ein kleiner Diamant richtig groß raus. Oder vielmehr: viele kleine Diamanten an dünnen Zweigen die Hauswand bedeckend, golden funkelnd und betörend duftend. »Nudiflorum« heißt nach meinen bescheidenen Lateinkenntnissen vermutlich »Nacktblüher«, und so ist es auch: Nackt und bloß setzen sich die Blüten dem frostigen Klima aus. Die Blätter trauen sich erst viel später hervor.

Den Falschen Jasmin habe ich schon lange, er macht die Hecke zur Straße dicht. Der Echte Jasmin steht seit zwei Jahren an einem relativ geschützten Platz. Mit ein paar Tannenzweigen um seine Füße herum versuche ich, ihm das Leben zu erleichtern. Trotzdem tut er mir oft Leid in den langen dunklen Nächten. Umso mehr rührt es mich, ihn blühen zu sehen. Er wird von den ersten Bienen besucht, die noch ganz verschlafen und kältestarr sind. Bereitwillig lässt er sie saugen und schmatzen.

»Er ist unser Helfer in schwierigen Zeiten«, schreibt die englische Schriftstellerin und Hobbygärtnerin Vita Sackville-West. »Tatsächlich gehört er zu den seltenen Pflanzen, die selbst unter den widrigsten Umständen blühen. Wir erleben den Ausdruck seiner Dankbarkeit an dem goldenen Regen seiner Blüten …« Dankbarkeit für ein bisschen Erde, ein bisschen Wasser, mehr verlangt er nicht. Vita Sackville-West lässt ihn nicht klettern, sondern hängen – über Mäuerchen und Böschungen.

So viel Platz habe ich nicht. Als Kletterer braucht er zwar Drähte zum Festhalten oder ein hölzernes Gitter, Raum zum Ausbreiten braucht er aber nicht. Mein Garten ist so klein, ich muss in den Himmel ausweichen. Man soll den Echten Jasmin übrigens nicht , wie es oft heißt, nach der Blüte stutzen, meint Frau Sackville-West. Ihrer hat sich nach einer solchen Bearbeitung ewig lange nicht mehr erholt. Meiner ist noch ein Kleinkind, aber auch später darf er wachsen, wie er will. Ich werde ihn zu nichts zwingen. Das ist meine Art, ihm Dankbarkeit zu zeigen – dafür, dass er dem Winter so tapfer seine zarte Stirn zeigt.

Mein Maulwurf

Auf meiner Wiese lag Schnee. Ein schöner, weißer, makelloser Teppich. Zwei Tage lang. Dann war eines morgens ein schwarzer, runder Erdhaufen auf dem Schnee. Am nächsten Morgen ein zweiter. Nummer drei und vier folgten – lockere dunkle Halbkugeln, ohne Spuren drumherum, so ähnlich wie die Kornkreise, die auf englischen Äckern Rätsel aufgeben. In diesem Fall allerdings war es kein Rätsel, sondern zweifelsfrei das Werk des Maulwurfs.

Der Kenner weiß beim genauen Hinsehen sofort, dass es sich um keine Wühlmaus handelt. »Wühlmäuse«, steht im Lesebuch für Gartenfreunde von Peter Omm, »schieben die Erde schräg aus den Gängen heraus, während der Maulwurf die Erde senkrecht nach oben drückt, so dass regelmäßig geformte, hohe und runde Erdhaufen entstehen. »Außerdem schlafen Wühlmäuse im Winter.« Maulwürfe – laut Brehm – aber nicht.

Eigentlich finde ich Maulwürfe süß. Ich habe einmal einen gesehen, von Angesicht zu Angesicht. Das war auf einer Wiese am Plattensee, ich saß auf meinem Handtuch, und auf einmal bewegte sich neben mir die Erde. Ein Turm aus kleinen Erdklumpen formte sich, und plötzlich erschien eine kleine spitze Nase, ein schwarzes Gesicht, in dem die winzig-winzigen Augen nicht zu erkennen waren. Die Nase schnupperte, roch meine Sonnencreme und zog sich blitzschnell zurück. Das war bisher meine einzige Begegnung mit einem Maulwurf. In der Falle habe ich noch keinen gefangen, ich stelle auch keine Fallen auf.

Der Maulwurf (Talpa europaea) wird einschließlich seines kurzen Schwanzes 15 cm lang. »Der walzenförmige Leib«, schreibt Brehm, »ruht auf vier Beinen, die Augen haben etwa die Größe eines Mohnkorns, die Ohren haben keine Ohrmuscheln, sondern sind von einer Hautfalte und einem Haarbüschelchen verdeckt.« Ein stromlinienförmiger Gräber, der unermüdlich waagerechte Gänge gräbt und sich kunstvoll eine unterirdische Wohnung ausbaut, welche aus einer geräumigen Kammer mit Zugang zu mehreren Fluchtgängen besteht. Die Kammer ist weich ausgepolstert, Wände und Boden werden sorgfältig glatt gestampft.

Sommer wie Winter ist der Maulwurf in ewiger Bewegung. Denn: »Der Hunger dieses Tiers ist unstillbar« (Brehm). Er frisst Regenwürmer, Kerbtiere, Insektenlarven, Engerlinge. Die Würmer hortet er in Vorratslagern, nachdem er sie durch einen Biss in den Nervenstrang gelähmt hat. Sonst fügt er dem Garten eigentlich keinen Schaden zu – ja, wenn man von den Erdhügeln absieht, mit denen er den Rasen verschandelt.

Man kann Giftpatronen in die Gänge schieben. Manchmal leiten rohe Menschen auch Autoabgase mit Hilfe eines Schlauchs hinein. Es gibt ein paar Geheimtipps: Katzen- oder Hundehaare in die Löcher stecken, Wasser hineingießen, sie mit Glasscherben verschließen. Die Erfolgsquoten sind, berichten Gartenfachorgane, äußerst gering. Der Maulwurf ist unermüdlich und zäh. Jemand hat mir kürzlich geraten, Nüsse in Seifenlauge zu kochen und damit die Zugangslöcher auszugießen. Vielleicht probiere ich das mal aus. Vielleicht aber verteile ich wie bisher die Maulwurferde und bete, dass mein kleiner schwarzer Freund mal ein bisschen im Nachbargarten arbeitet.

Kräuter am Fenster

Der berühmte französische Meisterkoch Bocuse hat kürzlich seine Ratschläge für junge Köche in einem einzigen Satz zusammengefasst: »Immer frisches Material verwenden, frisches Gemüse, frische Kräuter, dann kann nichts schief gehen.« Daran hält sich auch die Hobbygärtnerin und -köchin. Kein Problem im Sommer. Was das Gemüse anbetrifft, auch nicht im Winter. Der Supermarkt liefert frisch. Schnittlauch und Petersilie auch. Aber die übrigen Kräuter? Frischer Salbei? Oregano? Thymian?

Im vergangenen Herbst habe ich mir zum ersten Mal einen kleinen Kräutergarten auf dem Fensterbrett in der Küche angelegt. Rechtzeitig Oregano und Thymian aus dem Garten in Töpfe verpflanzt. Behutsam gegossen und extra die Heizung unter ihren Füßen abgedreht. Ideale Verhältnisse also: hell und kühl, aber nicht kalt, angenehme Luftfeuchtigkeit durch den Dampf vom Herd. Dachte ich jedenfalls.

Thymian und Oregano erwiesen sich als nicht dankbar. Es kam mir vor, als seien sie irgendwie verdutzt über ihre Lage im Haus. Sie schmissen ihre Blätter weg. Thripse hüpften munter auf ihrer Erde spazieren. Sollen ja eigentlich nicht direkt schädlich sein. Aber dann entdeckte ich auch weiße Fliegen. Weiße Fliegen in der Sauce Bolognaise? Oder Rückstände von Schädlingsbekämpfungsspritzzeug? Vor diese Wahl gestellt, trennt ich mich von Oregano und Thymian. Rückgriff zur getrockneten Ware.

Ach, und der Rosmarin. Schön holzig und robust sah der kleine Strauch aus im Topf. Und auf einmal, so nach Weihnachten, fing er an zu nadeln wie der Christbaum. Ich habe ihn ein bisschen zurückgeschnitten, jetzt kommen wieder so kleine Spitzen an den Ästchen. Ich gieße ganz sparsam und habe Sand unter seine Erde gemischt. Vielleicht hält er durch. Aber man sieht ihm an, dass Häuslichkeit nicht sein Ding ist. Wenn nur der getrocknete Rosmarin nicht so penetrant schmecken würde …

Basilikum ließ sich ganz gut an. Allzu viel abschneiden, habe ich gemerkt, darf man nicht. Sonst hört er einfach auf, nachzuwachsen. Basilikum ist eine Primadonna aus Indien, schnell beleidigt, äußerst empfindlich, wenn sie mal einen Tag nicht beachtet wird. Gießen vergessen – das rächt sich. Darauf reagiert Basilikum geradezu schreckhaft mit schlaffen Gliedern, die sich nicht mehr erholen.

Am besten ist der Salbei gediehen. Das Gewürz, das die Römer über die Alpen zu uns gebracht haben. Es bekam kein Ungeziefer, wuchs, setzte sogar Blütenknospen an, die ich auf Rat eines Gärtners abzwickte, um die Blattbildung zu fördern. Spaghetti mit in Butter gebratenen Salbeiblättern – köstlich. Aber nur mit frischer Ware. Getrockneter Salbei schmeckt nach Hustentee, einfrieren kann man ihn auch nicht ohne Aromaverlust.

Schnittlauch zu ziehen ist ein undankbares Geschäft. Als Pflanze, im Laden gekauft, hat er fast keine Erde rund um die Wurzeln. Die Erde, die ich ihm gebe, nimmt er nicht an. Eine Zeit lang kümmert er schüchtern vor sich hin. Wenn ich ihn aus dem Topf nehme, sehe ich, dass kein einzige Würzelchen sich ausgebreitet hat. Mit der Petersilie ist es ähnlich. Richtig einfach ist es eigentlich nur, Kresse auszusäen. Die sprießt und sprießt. Okay, gibt's bei mir halt hauptsächlich Kressesüppchen und Kressesalat. Frisch. Dass mir Oregano lieber wäre, dafür kann die Kresse ja nichts.

Bromelie – Kleines Herz im Topf

Im vergangenen Oktober bekam ich eine schöne große Topfpflanze geschenkt. Eine Bromelie. Blüht ewig, versprach der Überbringer, wenn du sie richtig behandelst. Ich stellte sie etwas abseits vom Fenster in mildes Licht und goss sie vorschriftsmäßig mit abgekochtem lauem Wasser, wobei nicht einfach die Erde, sondern immer nur das Herz der Blattrosette benässt werden soll. Aus dem Herzen wächst der dicke saftige Stängel, etwa 30 cm lang, nach oben hin rosa, mit einer bizarren lavendel-rot-orangefarbenen Blüte an der Spitze. Wenn das Herz leer und trocken ist, braucht es wieder Wasser.

Bromelien (Bromeliazeen) gehören zu einer tropisch-amerikanischen Pflanzenfamilie, welche auch die wohlschmeckende Ananas hervorbringt. Columbus lernte diese Frucht auf seiner zweiten Reise nach Guadeloupe kennen. Die Spanier brachten sie nach Europa, wo sie sofort in den Glashäusern königlicher und kaiserlicher Schlösser gezüchtet wurden. Der Sinn war dabei auf die schöne Frucht gerichtet. Irgendwann einmal fiel dann wohl der Blick auch auf Pflanzen mit besonders schönen Blüten. »Wegen ihrer prächtigen Farben sind Bromelien eine beliebte Stubenpflanze«, schlug ich in einem Lexikon nach – wobei das Nachschlagen nicht unkompliziert war, weil die einzelnen Familienmitglieder unter sehr verschiedenen Namen lexikonmäßig behandelt werden. Meine Stubenpflanze ist wahrscheinlich eine Aechmea fasciata, und als solche muss man sie erst mal in einem Buch finden.

Pflegeansprüche: empfindlich bis einfach. Aha. Braucht viel Luftfeuchtigkeit, Torfsubstrat, Licht, aber auch wieder Schatten, wie man's halt in den tropischen Urwäldern gewöhnt ist. Und blüht tatsächlich nicht gerade ewig, aber monatelang. Wenn sie zu drei Vierteln verblüht ist, werden die Blütenblätter holzig und etwas fahl, wie bei Strohblumen, aber sie sehen immer noch stolz und herrlich aus. Ich überlege, ob ich den Stängel abschneiden muss, damit sie noch einmal einen neuen treibt. Ratspendende Hinweise fand ich dazu nirgends. Dafür entdeckte ich neben der sich offenbar langsam erschöpfenden Blattrosette (sie trinkt aber immer noch das angebotene Wasser) einen neuen, jungen Trieb. »Kindel« wird so was genannt.

Ich habe Pflanzen mit Kindeln von jeher besonders gern, sie haben so was Menschliches, Mütterliches. Kann es sein, dass meine Bromelie eine neue kleine Bromelie gebärt? Ausbrütet, in die Welt setzt?

Zu diesem Thema bin ich fündig geworden. Bromelien vermehren sich durch Seitensprossen, die man bei Erlangung entsprechender Größe sanft von der alten Pflanze trennen muss und in ein wohl vorbereitetes, artgerechtes Töpfchen setzt. Dort vermehrt das Junge seine Würzelchen und wächst … und kriegt vielleicht tatsächlich eine wunderschöne Blüte? Mein Bromelchen darf noch ein bisschen bei seiner Mutter bleiben, dann probiere ich das aus. Zuvor muss aber das kleine Herz sichtbar werden, damit ich weiß, wohin ich gießen muss. Bin neugierig. Gärtnern drinnen und draußen – was für ein spannendes Hobby! Auch wenn mal der Erfolg ausbleibt …

Hexenzauber

Letztes Weihnachten bekam ich einen »Hexenkalender 2000« geschenkt. Danach hat jeder Monat seine spezielle magische Pflanze. Im Juni ist es zum Beispiel die Erdbeere, »verführend zu sinnlichen Liebesspielen«, im November der Weidenbaum, »um mystische Inspiration zu erhalten«, und im Dezember ist es die Mistel, deren Zweige von den Druiden mit goldenen Sicheln geschnitten werden, um sie in den Häusern aufzuhängen. »Küsst sich ein Paar darunter, so sind baldige Heirat und lebenslange Treue zu erwarten.«

Die Mistel heißt auch Hexenkraut, Donnerbesen, Kreuzkraut und botanisch Viscum. Es gibt sie in 60 Arten auf der ganzen Welt, aber bei uns gedeiht nur die Weiße Mistel, Viscum album. Sie ist keine normale, eigenständige Pflanze mit Wurzeln, sondern ein Halbschmarotzer, ein Parasit, der auf Bäumen wächst, denen sie Wasser und Salz entzieht. Irgendwie ein rätselhaftes, verwirrt aussehendes Wesen, dem von altersher magische Kräfte zugeschrieben werden.

Auf einem Birnbaum im Nachbargarten wachsen drei Misteln in großen, unordentlichen Knäueln. Im Sommer sieht man sie nicht, erst jetzt, nachdem das Laub gefallen ist, machen sie sich mit ihrem merkwürdigen fahlen Grün bemerkbar. Ich bin froh, dass sie beim Nachbarn drüben sind und nicht bei mir. Ein Wünschelrutengänger hat mir einmal erzählt, dass sie immer nur auf Bäumen wachsen, die auf »gestörtem« Grund stehen. Gewissermaßen als Gegenleistung für ihre Ernährung durch den Baum halten sie Erdstrahlen, Strahlungen durch Wasseradern und unterirdische Verwerfungen von ihm fern.

Also, jedenfalls bei mir sind diese Strahlen nicht, ich habe keine Misteln im Garten. Aber ich schaue sie gerne an. Sie haben etwas Geheimnisvolles an sich, wie sie da oben sitzen mit ihren kleinen ledrigen Blättern und den weißen giftigen Beeren jetzt um die Weihnachtszeit. Wie Wesen von einem anderen Stern, luftgeboren. Die Blätter bleiben den ganzen Winter grün, nur alle zwei Jahre fallen sie ab. Niemand beachtet im Frühjahr die winzigen gelblichen Blüten. Vögel mögen ihre Beeren übrigens gern, es gibt sogar eine Drossel, die sich immer in der Nähe von Misteln aufhält, die so genannte Misteldrossel.

Baldur, der Gott des Lichtes, ist der germanischen Göttersage zufolge von einem Pfeil aus Mistelholz zu Beginn der Götterdämmerung erschossen worden. Eine Pflanze mit Macht über Leben und Tod, ehemals als heilige verehrt, jetzt als Weihnachtsdekoration überall erhältlich. Eigentlich ist das fast eine Sünde, oder nicht? Denn wir haben allen Grund, sie respektvoll zu betrachten. Ihre Heilkräfte werden auch in der modernen Medizin neuerdings geschätzt. Sie sind gut bei hohem und niedrigem Blutdruck, Kreislaufschwäche und zur Steigerung der Widerstandskräfte. Die krebshemmende Wirkung bestimmter Inhaltsstoffe wird seit einiger Zeit klinisch erforscht.

Ich werde meinen Nachbarn um ein paar Zweige bitten und sie im Wohnzimmer aufhängen. Komm, Mistel. Mach, was du für deinen Baum auch machst: Halt alles Störende von mir fern, alles Schädliche, Irritierende. Mach, dass das Glück mich küsst.